기적의 항암식단

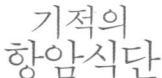

초판 1쇄 발행 2024년 9월 19일
초판 7쇄 발행 2025년 9월 3일

지은이 김훈하·김정은

발행인 장상진
발행처 (주)경향비피
등록번호 제2012-000228호
등록일자 2012년 7월 2일

주소 서울시 영등포구 양평동 2가 37-1번지 동아프라임밸리 507-508호
전화 1644-5613 | 팩스 02) 304-5613

ⓒ 김훈하·김정은

ISBN 978-89-6952-596-3 13590

·값은 표지에 있습니다.
·파본은 구입하신 서점에서 바꿔드립니다.

기적의 항암식단

김훈하·김정은 지음

암 전문 약사 × 항암 영양사

경향BP

기존의 항암 요리책과의 차이점

저는 암 전문 상담 약사이고, 3권의 암 관련 책을 출판했습니다. 2018년에 유방암 2기 진단을 받은 암 환자였고, 친정아버지는 2022년에 비소세포폐암 4기를 진단 받았습니다. 다행히도 두 사람 모두 암을 이겨 내고 건강을 잘 유지하고 있습니다. 우리 가족에게는 암을 이겨 낸 비법 식단이 있는 셈입니다.

이 책에는 우리 가족이 지난 7년 동안 암을 이겨 낸 비법 식단을 담았습니다. 그 비법은 주방의 작은 디테일에 변화를 주는 것입니다. 우리 몸을 새롭게 재생하는 식재료 선택과 조리법에서 일반적인 조리법과 차이가 있습니다. 그리고 항암 치료 이후에도 식단의 변화를 계속해서 지키고 있다는 차이가 다른 결과를 보여 줍니다.

암을 진단받았을 때의 충격과 공포는 이루 말할 수 없습니다. 저도 유방암 2기 진단을 받았을 때 어떻게 대처해야 할지 몰라 막막했습니다. 그리고 항암 치료를 받는 동안 무엇을 먹어야 할지, 어떻게 먹어야 할지에 대한 지식이 부족해 많은 시행착오를 겪었습니다.

첫 항암 치료 후에 어머니가 정성껏 차려 주신 밥상을 보며 그저 '잘 먹고 잘 견뎌내자.'라는 생각만 했습니다. 그러나 시간이 지나면서 식단이 치료에 얼마나 중요한지 깨닫게 되었습니다. 항암 치료로 인해 입안이 헐고, 소화가 어려워지면서 식사 시간이 고통스러웠습니다. 그 과정에서 몸에 부담을 주지 않으면서도 영양을 충분히 섭취할 수 있는 음식을 찾아내고 준비하는 방법을 터득하게 되었습니다.

이 책은 암 환자들이 피해야 할 7가지 음식 재료를 배제하고, 항암 치료에 도움이 되는 식단을 제안합니다. 우유, 육류, 설탕, 밀가루, 식용유, 유제품, 치즈를 사용하지 않고 기름에 볶는 요리도 하지 않습니다. 대신 자연에서 온 신선한 재료들로 몸에 부담을 주지 않는 요리법을 소개합니다. 이러한 식단은 항암 치료 중인 환자들의 건강을 지키고 회복을 돕는 데 큰 도움이 될 것입니다.

이 책의 특별한 점은 항암 준비기, 항암 1~2주 차, 항암 회복기, 그리고 표준치료 후 식단까지 각 시기에 맞춘 다채로운 119가지 레시피를 담고 있다는 것입니다. 대부분의 레시피는 요리 시간이 최대한 10분 이내로 조리법이 간단하여 누구든지 투병 중에도 쉽게 따라 만들 수 있습니다.

복잡한 조리 과정이 아닌, 간단하면서도 맛있고 영양가 있는 식단을 통해 환자들이 조금 더 편안하고 건강하게 치료를 받을 수 있도록 돕고자 합니다. 예를 들어, 고기를 대신할 수 있는 다양한 식물성 단백질과 해산물, 유제품을 대체할 수 있는 다양한 식물성 음료와 재료를 활용합니다. 설탕 대신 천연감미료를 사용하고, 밀가루 대신 글루텐이 없는 곡물들을 이용하여 맛있고 건강한 음식을 만들 수 있습니다. 기름을 사용하지 않고도 풍부한 맛을 낼 수 있는 다양한 요리법을 통해 여러분의 식탁을 더 건강하고 다채롭게 꾸밀 수 있습니다.

이 책에서는 특히 채소 주스를 강조합니다. 채소에 들어 있는 천연 화학물질을 '파이토케미컬(Phytochemical)'이라고 부릅니다. 이 성분은 천연 항암물질입니다. 파이토케미컬을 많이 섭취하면 암의 성장을 억제합니다. 식사를 통해서 몸에 필요한 영양소뿐 아니라 항암 역할을 할 수 있으니 1석 2조의 효과를 얻을 수 있습니다.

저는 상담할 때 환자들에게 전략적인 식사를 하라고 조언합니다. 암 환자는 배불리 먹을 수 없고 소화력도 많이 떨어져 있습니다. 일반 식단으로는 항암 효과도 기대하기 힘들고 소화에도 부담이 됩니다.

이 책은 철저하게 암 환자를 위해서 만들었습니다. 이 식단을 따라 한다면 암의 재발 공포로부터 멀어질 수 있습니다. 마이클 조던은 미국 농구계의 전설로 불립니다. 마이클 조던의 팀원들은 '그는 우리 팀을 절대 실패하지 않게 할 것'이라고 기대했습니다. 조던은 그 기대에 부응하며 팀의 중심이 되어 많은 성공을 이끌었습니다.

저 역시 암 환자들에게 암이 재발하거나 전이되지 않도록 돕는 식단을 전수하고자 합니다. 항암 치료 후에 암이 재발하지 않도록 하는 것이 이 책의 목적입니다. 지금은 암 환자이지만 올바른 식단을 통해 치료를 성공적으로 마치고 건강한 삶을 되찾기 바랍니다. 제가 경험한 작은 성공과 깨달음이 여러분에게 도움이 될 것입니다.

암 치료는 힘든 여정이지만 올바른 식단과 긍정적인 마음가짐으로 이겨 낼 수 있습니다. 여러분의 건강한 내일을 위해 이 책이 작은 도움이 되기를 바랍니다. 함께 이 길을 걸어가며 서로에게 힘이 되어 주기를 소망합니다.

김훈하

몸에도 좋고 맛도 좋은 음식

　대학에서 식품영양학을 전공하고 졸업한 뒤로 계속 요리 관련 일을 하면서 다른 사람들에게 요리를 가르쳐 왔습니다. 불과 몇 년 전까지는 완성된 요리가 얼마나 맛있는지가 중요했지 건강한 요리인지에 대해서는 별로 생각하지 않았습니다. 그런데 나이가 들고 주변에서 건강을 잃은 사람들을 보게 되면서 자연스럽게 건강에 관심을 가지게 되고, 우리 몸을 건강하게 할 수 있는 음식들에 대해 고민을 시작하게 되었습니다.

　이런 고민들을 하고 있을 때 마침 좋은 기회로 큐라엘에서 건강 레시피를 개발하는 일을 하게 되면서 사람들이 얼마나 건강을 중요하게 생각하고 건강한 음식에 관심이 높은지를 알게 되었습니다. 또한 병의 회복에 음식이 얼마나 중요한 역할을 하는지도 깊이 깨닫게 되었습니다.
　건강에 대해 고민하는 분들이 좋은 식습관을 가질 수 있도록 몸에도 좋고 맛도 좋은 음식을 만들기 위해 노력하고 연구하고 있습니다. 건강하면서도 맛있는 음식들을 알려 드리기 위해 많이 고민해서 음식 레시피를 개발하고, 그것을 유튜브에 공개했을 때 긍정적인 사람들의 반응을 보며 뿌듯함을 느끼고 있습니다.

건강 레시피를 개발하는 것이 처음에는 쉽지 않았습니다. 무엇보다도 재료와 요리법을 제한하는 것이 무척 곤혹스러웠습니다. 밀가루, 설탕, 유제품 등 맛을 내는 재료를 사용하지 않고, 시판 소스나 가공품도 쓰지 않고, 게다가 볶거나 튀기는 요리 방법까지 사용하지 않고 삶거나 찌는 방법으로 쉽게 만들 수 있는 건강하고 맛있는 음식이란 목표는 거의 불가능에 가까웠습니다.

그래도 남들이 하지 못하는 걸 해내는 것이 전문가라는 생각으로, 그리고 나의 레시피가 건강한 음식을 먹고 싶은데 어떻게 요리해야 할지 모르는 분들에게 도움이 될 수 있다는 믿음으로 건강한 요리 레시피들을 개발할 수 있었습니다. 이 책에는 그렇게 개발한 레시피들을 담았습니다. 책을 만들고 나니 좀 더 시간이 주어졌다면 하는 아쉬움이 남지만 최선을 다해 개발한 레시피들이니 독자 여러분께 도움이 될 것이라 기대합니다.

사람들은 평생 좋아하는 일을 하고 산다면 그 인생은 행복한 인생이라 말하는데 그런 의미에서 저는 좋아하는 요리를 직업으로 선택해 지금까지 요리와 관련된 일을 하며 살고 있으니 분명 행복한 사람입니다. 이러한 복된 삶을 허락하시고 함께하시는 하나님 아버지께 영광을 돌립니다. 그리고 낳아 주시고 키워 주신 부모님께 감사드립니다. 2년 전에 돌아가신 아버지께서 살아계셨다면 누구보다도 딸의 책을 자랑스러워하셨을 것입니다. 그리고 항상 큰며느리를 존중해 주시고 사랑해 주시는 시부모님께도 감사드립니다.

누구보다도 저의 재능과 열정을 인정해 주고, 전문적인 요리 기술을 배우고 익히도록 기회를 주고, 계속해서 일을 할 수 있도록 도와준 남편에게 무한한 감사를 드립니다. 고맙게도 남편은 이 책의 사진 촬영까지도 맡아 주었습니다. 그리고 직장에서 일하느라 힘들 텐데도 사진 작업을 도와준 딸도 정말 고맙고, 주말에 집에 오면 항상 요리할 때 설거지를 해 주며 엄마를 응원해 준 아들도 정말 고맙습니다.

제게 이 책의 요리 부문을 맡게 해 주신 (주)큐라엘 대표 김훈하 약사님께도 감사의 말씀을 드립니다. 그리고 김종훈 오빠를 비롯해 힘들다고 투정할 때마다 옆에서 응원해 준 형제들과 친지분들, 친구들, 교회 식구들에게도 감사하고 사랑한다는 인사를 전하고 싶습니다.

김정은

차례

프롤로그 _ 4

1장
김훈하 약사가 제안하는 항암 식단 가이드

나는 어떻게 항암을 했는가? _ 16

- 요리에 사용하지 않는 7가지 재료 _ 20
- 고기는 왜 섭취하면 안 되나요? _ 22
- 해산물과 달걀, 콩으로 단백질을 공급한다 _ 23
- 우유, 유제품, 치즈는 왜 안 좋은가요? _ 24
- 설탕 대신 인공감미료를 쓰면 되나요? _ 25
- 식용유 대신 무슨 기름을 쓰나요? _ 26
- 채소의 항암 성분은 천연항암제이다 _ 26
- 무조건 저염 식단을 하면 안 된다 _ 29

2장
항암 전 준비 식단

- 항암 전 준비 장보기 _ 32
- 항암 전 식사 준비 _ 33
- 항암 식단을 위한 10가지 지침 _ 34
- 항암 전에 미리 준비하면 좋은 음식 _ 35

저염양배추물김치 _ 36
저염열무얼갈이물김치 _ 37
저염양배추백김치 _ 38
저염간편배추김치 _ 39
당근라페 _ 40
양파장아찌 _ 41
두부소스 _ 42
된장소스 _ 43
간장소스
    와사비간장소스 _ 44   머스터드간장소스 _ 44
양념간장소스 _ 45
깨소스 _ 45
만능고추장소스 _ 46
조갯살강된장 _ 47
토마토소스 _ 48

과카몰리 _ 49

천연양념가루

    미역가루 _ 50 새우가루 _ 50

    황태가루 _ 51 표고버섯가루 _ 51

간편샐러드드레싱

    올리브오일드레싱 _ 52 발사믹드레싱 _ 52

두부밥 _ 53

두유 _ 54

황태보푸라기 _ 55

건새우마늘종조림 _ 56

마늘버섯달걀장조림 _ 57

꽈리고추멸치조림 _ 58

연근초조림 _ 59

오버나이트오트밀달걀죽 _ 65

오버나이트오트밀채소죽 _ 66

오버나이트오트밀시금치죽 _ 67

오버나이트오트밀누룽지죽 _ 68

연어토마토죽 _ 69

전복미역죽 _ 70

낙지애호박죽 _ 71

새우죽 _ 72

버섯죽 _ 73

잣마죽 _ 74

동태콩나물죽 _ 75

쑥국 _ 76

새우탕 _ 77

매생이굴국 _ 78

김국 _ 79

가지나물 _ 80

느타리버섯볶음 _ 81

부추콩가루찜 _ 82

가지콩가루찜 _ 83

채소찜 _ 84

브로콜리달걀찜 _ 85

순두부달걀찜 _ 86

삼치생강조림 _ 87

3장
항암 1~2주 차 식단

- 항암 1~2주 차 증상과 부작용 _ 62
- 항암 부작용 극복을 위한 음식 _ 63

새우쌀국수 _ 88

도토리묵사발 _ 89

검정콩국수 _ 90

채소찜비빔밥 _ 91

채소주스 _ 92

생강레몬차 _ 93

현미뻥과 과카몰리 _ 94

들깨탕 _ 105

단호박수프 _ 106

브로콜리감자수프 _ 107

취나물무침 _ 108

숙주미나리나물 _ 109

고등어무조림 _ 110

참나물무침 _ 111

톳무침 _ 112

도라지오이무침 _ 113

그린샐러드 _ 114

두부면샐러드 _ 115

라이스페이퍼채소달걀말이 _ 116

채소스틱과 두부소스 _ 117

고구마샐러드 _ 118

사각김밥 _ 119

가지샌드위치 _ 120

케일쌈밥 _ 121

양배추쌈밥 _ 122

열무미역국수 _ 123

파프리카오징어찜 _ 124

순두부에그인헬 _ 125

감자오믈렛 _ 126

황태현미떡국 _ 127

4장
항암 3주 차 회복기 식단

- 회복에 도움이 되는 음식 _ 96
- 회복기에 섭취해야 할 음식 _ 97

토마토달걀볶음 _ 98

브로콜리두부달걀밥 _ 99

마파두부덮밥 _ 100

카레덮밥 _ 101

시래기된장국 _ 102

전복미역국 _ 103

콩나물김치국 _ 104

5장
표준치료 완료 후 식단

- 재발, 전이를 막기 위한 음식 습관을 확립한다 _ 130
- 낮아진 혈액 수치를 회복하기 위한 음식 _ 131

자숙꼬막비빔밥 _ 132
해물잡탕 _ 133
굴무밥 _ 134
낙지연포탕 _ 135
청국장찌개 _ 136
배추비지찌개 _ 137
동태찌개 _ 138
바지락순두부찌개 _ 139
미네스트로네 _ 140
시래기나물 _ 141
청경채나물 _ 142
코다리찜 _ 143
가지조림 _ 144
미역초무침 _ 145
새우냉채 _ 146
버섯샐러드 _ 147
오트밀또띠아롤 _ 148

오징어궁중떡볶이 _ 149
두부냉채 _ 150
과카몰리를 곁들인 타코 _ 151
찹쌀새우볼 _ 152
버섯김밥 _ 153
미역줄기두부잡채 _ 154
문어카르파초 _ 155
토마토두부면파스타 _ 156
배추순대 _ 157
연잎밥 _ 158
주꾸미샤브샤브 _ 159
단호박케이크 _ 160
오트밀당근케이크 _ 161

김훈하 약사가 제안하는 항암 식단 가이드

1장

나는 어떻게 항암을 했는가?

 2018년 유방암 2기 진단을 받은 순간은 몸도 아팠지만 암 진단의 충격을 감당하기 어려웠습니다. 준비되지 않은 상태에서 바로 항암 치료에 들어갔습니다. 그 당시는 암에 대한 이해와 치료 방향에 대한 지식이 없는 상태였습니다. '무조건 잘 먹고 항암을 잘 받으면 된다.'라는 단순한 생각만 했습니다.

 첫 항암 주사를 맞은 후 친정집에서 10여 일을 보냈습니다. 70대 노인인 어머니가 한상 가득 반찬을 차려 주셨습니다. 허리와 무릎이 아프시니 복대와 무릎보호대까지 하고 정성스레 요리를 해 주셨습니다. 어머니가 차려 주신 밥을 항암으로 울렁거리고 구강 점막이 아파서 1시간 동안 겨우겨우 먹어 냈습니다.
 식사를 준비하는 것은 어머니에게 너무 힘든 일이었습니다. 노인에게 부담을 주는 것도 싫었고, 항암의 시간을 스스로 감당해 내야 한다는 결론에 도달했습니다.
 가장 힘들었던 순간은 혼자 겪어야 했던 2차 항암 후 시기였습니다. 여지없이 심각한 구내염이 왔고, 혀뿌리에 생긴 구내염으로 먹기 힘들었던 식사는 이제 목 넘김도 힘들게 되었습니다. 어머니가 해 주신 열무물김치, 현미누룽지, 고구마가 제 주식이 되었습니다. 시원하고 맵지 않은 열무물김치는 그나마 항암으로 가슴이 답

답할 때 속을 편하게 해 주었습니다.

   항암을 시작하기 전에 대학병원에서 영양사의 식단 가이드 강의를 듣게 됩니다. 아침, 점심, 저녁 다채로운 식단표와 함께 단백질 보충에 신경을 쓰라는 지침을 받습니다. 무조건 항암 전에는 고기 요리, 우유와 유제품을 섭취하라는 내용입니다. 그래서 저는 유기농 우유, 치즈, 요플레와 1등급 한우를 준비해서 3차 항암까지 병원 지침으로 식사했습니다.

   암 환자에게는 호중구가 떨어지면 항암 주사를 맞을 수 없다는 말이 가장 주의해야 하는 내용입니다. 3주에 한 번 맞는 항암 주사 스케줄이 밀릴까 암 환자들은 노심초사합니다. 환자들의 뇌리에 있는 항암 식사 가이드는 항암제를 맞을 수 있도록 '고기 섭취에 신경을 써라.'입니다.

   저는 우유와 소고기를 먹고 나면 장에서 가스가 끊임없이 나오고 독한 방귀 냄새로 고통스러웠습니다. 이전에는 이런 방귀 냄새가 나지 않았는데 항암 치료 시에는 가족들도 힘들어할 정도로 냄새가 심했습니다. 그때부터 항암 주사를 제때 맞기 위해서 고기와 우유를 섭취하는 식단이 정말 맞을까에 대한 의문이 생겼습니다.

   항암은 3주 사이클로 진행되고 10일까지가 가장 힘들고 후반 10일은 일상생활을 할 수 있을 정도로 체력이 회복됩니다. 체력이 올라온 시기에 도서관을 다니면서 암 관련 서적을 읽기 시작했습니다. 10권의 책을 읽고 나서 다른 방법으로 백혈구 수치를 유지할 수 있다는 것을 확신했습니다.

   유방암에 걸렸던 제인 플랜트가 쓴 『여자가 우유를 끊어야 하는 이유』라는 책을 읽고 우유와 육류를 끊었습니다. 저자는 암이 3번 이상 반복된 재발로 고통받았는데 우유, 유제품이 기본인 서양식 식단을 동양식 식단으로 바꾸고 나서 재발이 멈추었다고 합니다.

이후에 제가 암 환자를 1,500명 이상 일대일 상담을 하면서 가장 많이 들은 질문이 있습니다. 바로 "왜 고기를 먹으면 안 되나요? 병원에서는 골고루 다 먹으라고 하고, 특히 고기를 열심히 먹으라고 해요."입니다.

한 유튜브 구독자는 "항암 식단을 언급하는 타 유튜브 영상에서는 약사님이 금지해야 하는 것으로 말씀하신 설탕, 쌀밥, 육류, 커피, 밀가루 음식, 치즈 등을 대부분 먹어도 된다고 하네요. 이것들이 암 환자에 해롭거나 암 발생을 유발한다는 과학적 근거는 없다는 이유로 말입니다. 너무 헷갈리고 혼란스럽네요. 국립암센터, 서울아산병원 영양사들과 끝장토론을 벌여 보는 건 어때요?"라는 댓글을 올려 주셨습니다.

이 책을 쓰게 된 이유는 바로 이런 질문에 대해서 구체적인 답변을 하기 위해서입니다.

1~3기 암은 수술이 가능한 시기입니다. 수술로 대부분의 병변을 제거하고 혹시 남아 있을 암세포를 처리하기 위해 항암 주사와 방사선 치료를 병행합니다. 이 항암 주사는 '보약'이 아니라 일종의 '독약'이라고 할 수 있습니다. 아주 독한 약을 써서 정상세포와 암세포에 같이 영향을 줍니다. 항암 주사를 맞는다고 해도 내 몸의 암세포가 100% 사멸되지는 않습니다. 항암 주사는 일명 '항증식제'라고도 불립니다. 암세포의 증식을 어느 정도 억제하는 역할을 합니다. 가장 독한 항암제가 세포독성 항암제입니다.

저는 8번의 항암으로 모근 손상이 왔습니다. 머리카락이 얇아지고 힘이 없어서 긴 머리를 하면 부스스해 보여서 지금도 짧은 커트 머리를 할 수밖에 없습니다. 모근 손상은 여러 부작용 중에서 가장 약한 편에 속합니다. 항암제로 인한 손발 저림, 근육통, 관절통, 설사, 변비, 울렁거림, 구내염, 피부 발진은 보편적으로 경험하는 증상입니다.

4차 항암부터 식단을 바꾸면서 그동안 겪었던 부작용이 현저하게 줄어드는 것을 경험했습니다. 5차부터 탁솔 항암제를 맞을 때는 일주일 동안 계단을 내려가지 못했습니다. 그러던 제가 8차 때는 산에 가고 둘레길을 만 보나 걸을 수 있을 정도로 회복되었습니다. 누렇던 얼굴도 뽀얗게 살아났습니다.

무엇을 했을까요? 식단을 완전히 바꾸자 몸이 무척 좋아지는 것이 느껴졌습니다. 저 스스로도 느꼈고 주위에서도 어떻게 항암을 하는데 예뻐질 수 있는지 물었습니다. 지금 제 상담소에 오시는 환자들의 얼굴도 하얗고 반짝이는 피부로 바뀌었습니다.
"약사님, 몽땅 주스를 먹고 변비가 없어졌어요."
"선종이 사라졌어요."
"몇 년 동안 건강검진에서 매년 혈뇨가 나왔는데 올해 검진에서는 정상이 되었어요."

암 환자가 아닌 가족들의 건강에도 변화가 일어났습니다. 가족이 함께 식단을 바꾸니 질병은 아닌 상태이지만 신경 쓰였던 증상들이 사라지기 시작한 것입니다.
암을 치료하는 방법에는 병원의 표준치료만 따르는 것, 환자 스스로 생활 습관을 바꾸는 것, 식이 습관을 바꾸는 것, 자연 치유만 하려는 것 등 여러 길이 있습니다. 현명한 사람은 질문할 것입니다.
'무엇이 가장 빠른 지름길일까?'
저는 암 치유의 가장 빠른 지름길은 매일 먹는 식단에 변화를 주는 것이라고 제안합니다. 저와 제 가족, 저를 찾는 환자들이 그 증거입니다. 식단을 바꾸고 표준치료를 받는 것과 표준치료만 받는 것은 치료 효율에서 확실한 차이가 있음을 보았습니다. 이전보다 더 건강한 삶을 영위하려면 병원 치료만 따라서는 안 됩니다. 반드시 내 몸에 변화를 줄 수 있는 정확한 식이 환경의 변화가 있어야 합니다.

| 요리에 사용하지 않는 7가지 재료 |

제가 1,500명의 암 환자를 상담하면서 가장 중요하게 안내하는 것은 식이요법입니다. 저를 만나러 오는 환자들은 이미 제가 쓴 3권의 책과 유튜브를 통해서 식단 변화를 시작한 상태입니다. 어떤 환자는 아침에 채소 식단을 시작하고 나타난 변화를 신이 나서 알려 줍니다.

저는 환자의 식단을 일일이 체크하며 세부적으로 조율해 줍니다. 환자의 소변 산성도를 먼저 확인하는데 대부분 몸의 체액이 산성으로 기울어져 있습니다. 산성인 몸을 약알칼리성 몸으로 바꾸는 작업이 암 치유의 가장 기본 단계입니다.

이 요리책에는 다른 항암 요리책과 차별점이 있습니다. 요리의 재료에 제한을 둡니다. 즉 '금지 식품'이 있습니다.

저를 만나러 오는 환자들은 다른 내용은 숙지하지 못해도 이 금지 식품 리스트는 다 말할 수 있고 이미 실행하고 있습니다. 저는 특히 이 부분을 강조합니다.

"이 부분은 별표 5개에 해당합니다. 반드시 지키셔야 합니다."

그리고 이 리스트를 지키지 않고 본인의 생각대로 했을 때 재발 전이된 환자 케이스를 알려 줍니다. 안타깝게도 일부 환자는 항암 중에 너무 기운이 없고 백혈구, 호중구 수치가 너무 떨어져서 붉은 고기, 흑염소, 유황오리즙 등을 섭취합니다. 그런데 이 7개 식재료가 암의 성장을 촉진할 수 있다는 내용은 이미 제가 쓴 3권의 책에 근거가 되는 논문과 실제 사례를 통해 소개했습니다.

기존의 항암 요리책은 정말 훌륭합니다. 요리적으로, 미학적으로 훌륭한 레시피로 맛도 좋고 당연히 영양 균형도 최고입니다. 하지만 항암 중인 환자와 재발, 전이를 염려하는 환자는 맛이나 영양만을 따지면 안 됩니다. 섭취했을 때 내 몸의 암을 키우는 음식인지, 몸을 산성화하는 음식인지, 염증이 생길 수 있는 음식인지를 꼼

꼼히 따져야 합니다.

다음 7가지 식재료는 암세포를 키울 수 있습니다. 물론 정상인에게는 아주 좋은 영양 공급원이 분명합니다. 정상인은 골고루 섭취하면 됩니다. 단 암 환자는 이미 몸에 암의 씨앗이 떨어졌습니다. 이전과 동일한 식단을 해서는 몸의 환경이 바뀌지 않습니다.

제가 제한하는 식재료는 다음 7가지입니다.

- **고기류**
- **우유**
- **유제품**
- **치즈**
- **설탕**
- **밀가루**
- **식용유**

이 책에는 위의 7가지 식재료를 쓰지 않으면서도 맛있고 영양적 균형이 잡혀 있고 손쉽게 만들 수 있는 레시피들을 담았습니다. 저는 항암을 8번 한 환자로 요양원에 가지 않고 집에서 투병했습니다. 친정 부모님으로부터 반찬 도움을 받았지만 가족들과 함께 요리를 집에서 했습니다. 항암을 잘 끝냈고 지금은 이전보다 더 건강합니다. 암 환자의 최종 목표는 '항암을 잘 받자.'가 아닙니다. '완전히 건강한 몸을 만들자.'가 이 책의 목표입니다.

고기는 왜 섭취하면 안 되나요?

육류의 섭취는 몸을 산성화합니다. 소변 pH 기준(산성도 여부를 보는 기준)으로 가장 건강한 우리 몸의 체액은 pH 7.4입니다. 병원에서 소변 검사를 하거나 소변 검사용 리트머스 시험지를 활용하면 측정할 수 있습니다.

보통 암 환자의 체액은 pH 5~6으로 산성화되어 있습니다. 산성화된 체액은 암세포의 외벽을 뚫어서 암세포가 전이될 수 있는 환경을 제공합니다. 육류의 지방 성분은 암세포의 전이를 촉진합니다. 국립암센터의 김수열 교수팀은 일명 'Kim Effect'라 불리는 것을 발견했습니다. 기존의 이론은 탄수화물이 암의 먹이라는 내용이 지배적인데, 김수열 교수팀은 지방산 섭취를 제한하고 탄수화물만 섭취했을 때 암의 증식 속도가 4배 감소한다는 획기적인 논문 결과를 발표했습니다.

고기 속의 지방을 포화지방산이라고 부릅니다. 암 환자는 바로 '포화지방산'의 섭취를 제한하는 것이 암의 재발, 전이를 막는 효과적인 방법입니다. 이 요리책은 단백질 섭취를 고기 외에 해산물, 달걀, 두부, 콩 등을 통해 건강하게 채울 수 있음을 알려 줍니다. 제가 만난 환자들은 이 가이드대로 식단을 구성했을 때 단백질 수치가 전혀 떨어지지 않고 항암 치료도 수월하게 하고 있습니다. 육류를 통한 단백질 섭취는 우리 몸을 산성화해서 암의 전이를 돕고 혈관 내의 포화지방산은 암세포의 이동을 쉽게 한다는 것이 저의 결론입니다.

암 환자는 혈당도 신경 쓰지만, 콜레스테롤 수치도 정상으로 유지하는 것이 중요합니다. 항암을 하게 되면 정상이었던 혈당과 콜레스테롤이 저절로 올라가게 됩니다. 일종의 항암 부작용입니다. 원하는 대로 다 섭취하면 수치가 상승하므로 암 환자는 식재료와 조리 방법도 신경을 써야 하는 이유입니다.

| 해산물과 달걀, 콩으로 단백질을 공급한다 |

　병원에서 항암 중에 가장 신경 쓰는 혈액 지표는 호중구 수치입니다. 호중구는 백혈구에 속한 혈액 지표입니다. 백혈구 수치가 낮아지면 호중구 수치도 낮아집니다. 병원에서는 백혈구 촉진 주사를 처방하여 낮아진 백혈구 수치를 인위적으로 올립니다.

　제가 제안하는 식사법은 단백질 공급원으로 동물성 단백질 1등급 달걀을 꼭 포함합니다. 달걀은 버릴 것이 하나도 없는 완벽한 영양 공급원입니다. 저는 삶은 달걀을 매일 1~2개 섭취한 지 7년이 되어 갑니다. 1등급 달걀의 노른자는 일반 달걀보다 주황색에 가까우며 오메가 3가 풍부합니다.

　달걀, 두부, 콩류, 생선, 해산물류를 골고루 섭취하면 단백질이 부족하지 않습니다. 유방암, 전립선, 폐암 등에는 콩에 들어 있는 제니스테인 성분이 항암 역할을 합니다. 집에서 두유기로 직접 만들어 먹는 두유는 훌륭한 영양 공급원이고 천연 항암제로 작용합니다.

　단백질의 부족 여부는 혈액검사에서 단백질 수치를 확인하면 됩니다. 정상범위는 6.5~8입니다. 보통 7점대이면 체내 필요한 단백질은 충분합니다. 예를 들어 체중 1kg당 0.8g의 단백질 요구량으로 계산하면 60kg인 경우 1일 48g의 단백질이 필요합니다. 1일 단백질 섭취를 달걀, 두부, 생선, 콩으로 했을 때의 분량을 살펴보면 대략 다음과 같습니다. 이를 참고하여 본인의 몸무게에 해당하는 단백질 양을 섭취하면 됩니다.

달걀 : 2개 / 단백질 12g
두부 : 1모(200g) / 단백질 16g
생선 : 반 토막(150g) / 단백질 30g

삶은 콩 : 서리태 기준 35개(삶은 콩 50g), 두유 1컵 / 단백질 4.5g

| 우유, 유제품, 치즈는 왜 안 좋은가요? |

가장 많이 듣는 질문입니다. 특히 여성분들은 카페 라떼, 빵과 케이크류를 너무 사랑합니다. 저도 그중의 한 명이었습니다. 유방암, 난소암, 자궁암 등의 호르몬 관련 암은 우유, 유제품과 밀접한 관련이 있습니다. 우유, 유제품 안에는 인슐린 유사 성장인자(IGF-1, Insulin Growth Factor)라는 성분이 풍부합니다. 우유는 성장기 아이들에게 적합한 식품입니다. 30세 이상의 성인은 더 이상 성장이 필요하지 않습니다. 우유를 마실 경우 몸 안의 불필요한 세포, 즉 암세포의 성장을 일으킵니다. 암세포가 이미 몸 안에 생겨나 있다면 우유의 섭취를 철저히 제한해야 합니다.

중년 이후에 우유를 많이 마시면 뼈 안의 미네랄 등이 체액으로 빠져나오게 됩니다. 우유 역시 산성화 식품이므로 우리 몸은 중성으로 체액을 맞추기 위해서 작동합니다. 뼈를 튼튼하게 하려는 칼슘제로 우유를 마시면 뼈에서 칼슘이 더 빠져나오는 아이러니한 상태가 됩니다.

유방암 환자라면 치즈와 요플레도 제한해야 합니다. 유방암 조직을 확대하면 세포막에 인슐린 유사 성장인자 수용체가 정상보다 더 발현되어 있습니다. 여성들이 서양식 식단을 접하면서 유방암 발병률이 증가하고 있음이 보고됩니다. 브런치 식단, 각종 빵류, 케이크에는 우유 성분이 많이 들어 있습니다.

설탕 대신 인공감미료를 쓰면 되나요?

하비 다이아몬드가 쓴 『다이어트 불변의 법칙』이라는 책에는 설탕은 '생명을 앗아가는 치명적인 맹독'으로 표현되어 있습니다. 정제된 설탕은 급격히 혈당을 올리게 됩니다. 혈당이 올라가면 세포의 기능 장애가 시작됩니다.

설탕보다 더 심각한 단맛은 액상과당, 콘시럽, 수크랄로스 등의 인공적인 단맛입니다. 이런 단맛은 몸 안에서 '당독소'로 작용하고 염증 반응을 일으킵니다. 우리 몸 안에 염증 지수가 올라가면 바로 '암이 자라는 경로'가 작동합니다. 인공감미료는 장에서 흡수되지 않는 당으로 결과적으로 장내 유해균을 증식시킵니다.

최신의 이론은 인체 면역세포의 80%가 장 점막에서 만들어진다고 합니다. 장 점막에는 여러 균이 상주하고 있습니다. 가장 이상적인 균형은 유익균:유해균이 85:15입니다. 암 환자의 장내 세균 균형은 깨져 있는 상태입니다. 유해균이 85% 이상 증식되어 있습니다. 장내 유해균이 증식하면 장에서 만들어지는 면역세포가 감소하게 되고, 암세포를 죽일 수 있는 면역세포가 없어지고 있다는 뜻입니다. 유해균의 먹이가 바로 '인공감미료'입니다. 면역력을 올리려면 인공감미료를 멀리해야 합니다.

우리가 무심코 마시는 모든 액상 음료에는 이런 인공감미료가 들어 있습니다. 소장암 환자의 조직 검사지에 곰팡이균 덩어리가 무려 10cm에 달하는 결과가 나왔습니다. 밀가루 음식과 설탕이 들어간 음식은 이런 악성 유해균들의 먹이가 됩니다.

반면 유익균의 먹이는 바로 '식이섬유'입니다. 제가 녹즙이나 과즙, 채소즙을 이용하지 않고 채소를 찐 다음 갈아서 섭취하는 이유입니다. 식이섬유를 최대한 섭취해서 장내 환경을 개선하는 것이 목적입니다. 암 환자라면 최소 1일 200~300ml의 갈아 만든 채소 주스를 마셔야 합니다. 채소 주스를 섭취하고 1주일이면 대변의 변화를 볼 수 있습니다.

| 식용유 대신 무슨 기름을 쓰나요? |

이 요리책에서는 식용유를 사용하지 않는 요리 방법을 제안합니다. 대부분의 가정에서 사용하는 콩기름, 현미유, 참기름, 들기름, 포도씨유 등은 일단 모든 종자를 고열에서 볶고 용매를 써서 추출합니다.

기름은 우리 몸에 꼭 필요한 성분입니다. 단, 산화, 산패되지 않은 기름을 섭취해야 몸에 도움을 줍니다. 기름은 열을 가하는 순간 산화, 산패된다고 생각하면 됩니다. 기름을 사용하는 방법에 주의해야 합니다. 기름을 사용해서 볶는 요리 방법은 암 환자와 맞지 않습니다.

요리 재료를 찌기, 삶기, 데치기, 굽기, 조림, 무침 등의 다양한 방법으로 재료 본연의 맛과 영양을 살려 섭취해야 합니다. 생선은 기름에 굽지 않고 찌거나 조림으로 조리법을 바꾸고, 나물 무침용 기름으로는 생들기름을 이용하고, 채소 요리에는 신선한 올리브유를 드레싱 용도로 사용하는 것입니다.

우리 몸의 세포막은 콜레스테롤로 이루어져 있습니다. 즉 기름막입니다. 가장 이상적인 기름의 비율은 오메가 3, 6, 9의 비율이 1:2:1입니다. 우리가 주방에서 쓰는 기름은 오메가 6 지방산입니다. 이것을 너무 많이 섭취하면 몸에서 염증 반응이 나타납니다. 염증을 일으키는 식재료를 사용하지 않는 것이 항암 요리의 핵심입니다. 그래서 식용유 사용을 제한합니다.

| 채소의 항암 성분은 천연항암제이다 |

채소에 들어 있는 몸에 유익한 성분을 파이토케미컬(Phytochemical)이라고 합니다. 이 성분은 천연의 항암제로 불립니다. 암세포를 직접 사멸하는 효과가 있을 뿐만 아니라 부작용은 거의 없다는 장점이 있습니다. 우리가 식사를 통해서 천연의 항암제로 항암 효과를 주면 바로 '1석2조'의 효과를 얻는 것입니다.

암 환자는 계획적인 식단 관리가 필요합니다. 재료의 선택, 구입처, 관리, 조리법에 따라 몸의 상태가 호전되고 항암 부작용도 감소합니다.

우리가 계절마다 항상 구할 수 있는 채소 속에는 아주 다양한 파이토케미컬이 들어 있습니다. 천연항암제를 시장에서 구매하여 매일 요리하여 섭취하면 온 가족에게 건강이 저절로 찾아옵니다. 매일의 식단에 20가지 이상의 채소를 포함하도록 합니다.

저는 아침 한 끼에 7가지 채소로 만든 몽땅주스, 고구마, 달걀, 각종 차류를 섭취합니다. 아침을 이런 식으로 먹은 지가 7년이 되었습니다. 얼굴은 50대 중반이지만 피부는 40대 때보다 훨씬 젊어졌습니다. 조금 먹어도 배고프지 않고 지치지 않는 활력을 가지게 되었습니다.

다음 표에 대표적인 20가지 파이토케미컬 성분명과 식품에 대해 정리했습니다. 흔히 보는 채소이지만 체내에서의 항암 효과가 아주 큽니다. 저는 암 환자에게 치료를 위하여 이러한 파이토케미컬 식품을 처방하고 있습니다. 식단의 변화를 주면 암 환자 스스로 치료의 주도권을 가질 수 있습니다.

그동안 채소에 대해서 무관심하고 멀리했던 분들은 이제 채소를 가까이해야 합니다. 요리책에서 소개하는 다양한 요리 방법으로 맛이 없다고 식단에서 제외되었던 채소를 좋아하게 되길 바랍니다. 아침마다 각 채소가 가진 본연의 맛과 향을 느끼면서 채소식을 시작해 보세요. 몸은 정직하게 반응하니 반드시 혈색이 달라지고 체온이 올라가고 대변 상태가 개선되는 것을 느끼게 될 것입니다.

파이토케미컬의 효과

파이토케미컬	식품명	체내에서의 효과
다당류	고구마, 당근, 호박, 브로콜리, 양배추	면역 강화, 암세포 사멸, 항염 작용
레스베라트롤	포도, 블루베리, 아로니아, 베리류	암세포의 혈관 신생 억제, 면역 조절, 암세포 사멸
루테올린	고추, 당근, 사과, 감귤류, 브로콜리	항산화, 세포주기 조절, DNA 손상 방지
리놀렌산	치아씨드, 콩류, 케일, 시금치, 들기름	항염, 면역 강화, 세포주기 조절
라이코펜	토마토, 붉은 피망, 수박	세포 자살 유도, 면역 강화
베타글루칸	표고버섯, 귀리, 해조류	면역 강화, 세포 자살 유도
베타카로틴	당근, 고구마, 케일, 시금치	항산화, 세포 자살 유도, 항염
설포라판	브로콜리, 양배추, 배추, 무	항산화, 디톡스, 항혈관 신생 억제
안토시아닌	블루베리, 체리, 고구마	항산화, 항염, DNA 손상 방지
알리신	마늘, 부추, 대파	항암, 항염, 디톡스, 항산화
엘라그산	감귤류, 석류, 포도	항암, 디톡스, 항산화
인돌-3-카비놀	브로콜리, 양배추, 무, 케일	항혈관 신생 억제, 세포주기 억제
제니스테인	콩, 두부, 두유	항산화, 호르몬 조절, 항염
진저롤	생강	항산화, 세포주기 조절, 면역 강화
커큐민	강황, 카레가루	항염, 세포 자살 유도, 항암유전자 조절
퀘르세틴	양파, 사과, 브로콜리, 케일	항염, 세포 자살 유도, 항혈관 신생 억제
클로로필	시금치, 브로콜리, 피망, 청경채	항산화, 항염, 디톡스
폴리페놀	녹차, 케일, 브로콜리, 사과, 베리류	항산화, 항염, 세포주기 억제
플라보노이드	감귤류, 브로콜리, 양파, 시금치	면역 강화, DNA 손상 방지
후코이단	미역류	세포 사멸, 면역 강화, 암줄기세포 주기 차단

| 무조건 저염 식단을 하면 안 된다 |

암 환자의 식단이라고 해서 무조건 저염 식단을 하면 안 됩니다. 정상인의 소변 염도는 0.9%인데 반해 암 환자의 염도는 0.4% 아래로 떨어진 경우가 많습니다. 어떤 암 환자는 소변 염도가 0인 경우도 있었습니다.

천일염과 죽염을 사용해서 충분히 간을 해서 음식을 섭취해야 합니다. 된장, 간장, 조선간장, 고추장도 적극 이용합니다. 후추, 고추, 마늘, 생강 등의 향신료는 강력한 항암 작용이 있다는 것이 보고됩니다. GMO 콩을 사용해서 만든 된장, 고추장, 간장은 쓰지 말고 국산콩으로 만든 유기농 제품을 선택하면 됩니다.

한식은 우리 조상의 지혜가 담겨 있는 항암 식단이라고 할 수 있습니다. 항암 식단이라고 해서 맛도 없고, 간도 없이 먹을 필요는 없습니다. 항암 시작 첫 주에는 울렁거리고 구내염이 심하니 맵고 자극적인 식단을 피하면 됩니다. 재료 본연의 맛과 향을 살리는 요리법으로 자극적이지 않고 기름기가 적은 식단을 하면 세포가 살아난다는 의미를 알게 됩니다. 미각도 살아나고 인공감미료나 단맛에 길들여져 있는 입맛이 달라집니다.

이 책은 될 수 있는 한 쉽고 간단한 조리법으로 건강하게 식사하는 방법을 알려줍니다. 결국 건강 회복도 누가 실행하느냐에 달려 있습니다. 당신과 가족이 말기 암 환자라면 지체할 시간이 없습니다. 바로 시작하세요.

일러두기

- 육수는 채소육수나 멸치육수를 끓이거나 해물육수팩을 사용하였다.
- 계량은 1C은 밥통용 컵(200ml), 1T은 밥숟가락, 1t은 찻숟가락을 기준으로 하였다.
- 소금 약간은 1~2꼬집을 의미한다. 음식을 만들 때 간(짠맛)은 사람마다 기준이 다르므로 본인이 원하는 대로 조정하면 된다.
- 대파 약간은 약 5g을 의미한다.
- 재료의 양도 사람마다 입맛이 다르므로 기호대로 조절하면 된다.

2장

항암 전 준비 식단

| 항암 전 준비 장보기 |

이제 암 진단을 받았고 항암 스케줄이 결정되었을 것입니다. 어떤 환자는 의사선생님을 만나자마자 바로 항암을 시작할 수도 있고 1개월 이상 대기하는 경우도 있습니다. 항암을 기다리는 시간을 어영부영 흘려보내지 말고 준비를 하는 것이 좋습니다. 왜냐하면 지금이 컨디션이 가장 좋은 시기이기 때문입니다.

항암을 하게 되면 예기치 못한 부작용들이 나타납니다. 항암은 종류에 따라 다르지만 보통 3주 사이클로 진행합니다. 처음 10일까지가 가장 힘들고 후반 20일은 서서히 체력을 회복하는 시기입니다.

항암은 1기인 경우 4차, 2기인 경우 4~8차로 진행하고 3기, 4기인 경우는 항암 기간이 길어집니다. 보통 3~6개월이 기본 항암 시간이라고 보면 됩니다. 다른 가족이나 요양원에 의존하기에는 짧지 않은 시간입니다.

이 책은 스스로 항암을 하는 것을 돕기 위해 쓰였습니다. 항암 준비 시간에 몸을 움직여서 건강한 재료를 만드는 것은 암 치료의 첫발을 떼는 것이라 할 수 있습니다. 저도 스스로 '건강한 음식을 만들어 보자.'라는 결단을 내리고 실천하면서 현재 건강한 모습을 찾게 되었습니다.

가장 먼저 시작할 일은 '냉장고 정리'입니다. 모든 플라스틱 용기와 냉동식품, 인스턴트 음식, 각종 소스류를 버립니다. 쇼핑 리스트를 정해서 필요한 부엌 도구를 준비합니다. 앞으로 힘들어질 때를 대비해서 유기농 구매 사이트에 가입합니다.

  항암이 시작되면 메스꺼움이나 소화력이 약해지고 몸의 컨디션이 급격히 떨어지므로 항암 치료가 시작되고 최소 2주 정도는 버틸 수 있도록 미리 재료들을 준비하고 조리 과정을 단순화할 수 있도록 소스나 양념 등을 준비해 둡니다.

구매 리스트

- **스테인리스 용기, 유리 용기**
- **성능이 좋은 블렌더** : 채소주스를 매일 만들어야 함
- **두유기**
- **찜기**
- **칼슘파우더** : 천연 채소 세정제
- **유기농 양념류** : 천일염, 죽염, 된장, 고추장, 고춧가루, 간장, 조선간장, 꿀
- **천연 세정제**

유기농 구매 사이트

- **오아시스** : 유기농 양념, 채소류, 생선류, 데친 나물, 난각번호 1번 달걀
- **한살림** : 유기농 곡식, 양념, 채소류, 생선류
- **마마포레스트** : 주방 천연 세정제, 주방용품
- **엘가닉** : 항암 관련 물품

| 항암 전 식사 준비 |

- 싱싱한 제철 해산물을 준비하여 깨끗이 손질하여 냉동 보관한다. 생선, 새우, 전복, 굴, 오징어, 바지락 살, 게살 등은 1회 분량으로 나누어 보관한다.
- 난각 번호 1, 2번 달걀을 정기적으로 구입한다.

- 채소 주스, 채소찜, 채소 요리를 위해 유기농이나 신선한 채소를 구입한다. 주기적으로 배달을 받는 것도 좋다. 유기농 매장이나 앱을 활용한다. 채소를 세척하기 위한 천연 세정제를 준비한다.
- 오트밀, 현미, 잡곡 등을 준비한다.
- 양념을 준비한다. 양조간장, 천연식초, 전통 된장, 올리브오일(또는 아보카도오일), 생들기름, 참기름, 꿀(아카시아꿀 등 향이 너무 강하지 않은 것), 고춧가루(너무 맵지 않은 것) 등을 준비한다.
- 김치류(열무물김치, 양배추물김치, 나박김치, 양배추백김치 등)와 장아찌류를 준비한다.
- 시금치 같은 나물들을 데치거나 잘라서 냉장 보관하거나 냉동해 둔다.
- 손쉽게 식사를 준비하기 위해 구운 생선, 도토리묵, 청포묵, 데친 문어, 기름을 바르지 않고 구운 김, 낫또 등 간편하고 건강하게 먹을 수 있는 간편식을 준비한다.
- 천연양념과 황태가루, 멸치가루, 새우가루, 표고버섯가루, 미역가루, 콩가루 등 건조가루를 준비한다. 통깨, 통들깨 등도 준비한다.
- 다시 팩(미세플라스틱 불검출 제품)을 이용해 육수를 준비한다.
- 좋아하는 밑반찬을 3~4가지 준비한다.
- 두부소스, 된장소스, 토마토소스, 과카몰리, 간장소스 등 소스류를 미리 준비해 두면 짧은 시간에 조리를 쉽게 할 수 있다.

| 항암 식단을 위한 10가지 지침 |

- 가급적 신선한 재료로 직접 조리한다. 통조림 등 가공품은 사용하지 않으며, 인스턴트 음식, 배달 음식 등도 제한한다.
- 식욕이 없어도 가급적 1일 3식 규칙적으로 식사하고 1~2회 간식을 먹는다.
- 밥은 잡곡밥이나 현미밥을 먹는다. 죽을 끓일 때도 현미를 사용한다.
- 항암 중 단백질 섭취가 중요하므로 매끼 단백질의 공급원인 생선, 해산물, 달걀, 콩을 섭취한다.
- 매끼 채소 반찬을 먹는다.

- 미역과 같은 해조류를 최소 2일에 한 번 정도 섭취한다.
- 견과류와 오메가 3가 풍부한 지방을 섭취한다.
- 설탕과 밀가루, 고기 등의 섭취를 제한한다. 단맛이 꼭 필요할 경우에는 꿀을 사용하며, 인공감미료나 대체 당은 사용하지 않도록 한다.
- 볶음 요리, 튀김 요리 등의 조리법은 가급적 하지 않는다. 기름은 올리브 오일, 아보카도 오일, 생들기름, 참기름 등을 주로 드레싱으로 사용한다.
- 7가지 채소를 포함한 채소 주스를 매일 200~300ml 만들어 마신다.

| 항암 전에 미리 준비하면 좋은 음식 |

- **김치** : 저염양배추물김치, 저염열무얼갈이물김치, 저염양배추백김치, 저염간편배추김치
- **장아찌** : 당근라페, 양파장아찌
- **소스** : 두부소스, 된장소스, 간장소스, 양념간장소스, 깨소스, 만능고추장소스, 조갯살강된장, 토마토소스, 과카몰리
- **천연양념가루** : 미역가루, 새우가루, 황태가루, 표고버섯가루,
- **간편 샐러드 드레싱** : 올리브 오일드레싱, 발사믹드레싱
- **두부밥**
- **두유**
- **밑반찬** : 황태보푸라기, 건새우마늘종조림, 마늘버섯달걀장조림, 꽈리고추멸치조림, 연근초조림

저염양배추물김치

항암 효과가 크고 소화가 잘되는 양배추를 이용한 물김치이다. 보통 김치의 소금 염도는 2~3% 정도이지만 이 레시피는 소금 염도를 1% 정도로 낮추고 소금 대신 밥의 전분과 양념들을 이용해 상온에서 빠르게 발효시켜 만들었다.

INGREDIENTS

양배추 500g, 무 300g, 소금 8g(1%)
부재료 쪽파 50g, 미나리 50g, 비트 30g
사과 1/2개(선택)

| **양념**

밥 100g, 마늘 10개, 생강 5g, 양파 50g
액젓 2T, 육수 200ml
물김치국물 물 2.5L 소금 25g(1%)

1

양배추와 무를 3cm 사각모양으로 자르고 소금 8g을 뿌려 살짝 절여 준다.

2

쪽파와 미나리를 4cm 길이로 잘라주고 사과와 비트는 얇게 썰어 준다.

3

양념 재료를 블렌더에 넣고 갈아 준다.

4

양배추와 무를 절여 놓은 통에 부재료, 양념 간 것과 준비한 물김치 국물을 넣어 함께 섞어 준다.

보관

- 하루 정도 실온에 두어 거품이 뽀글거릴 정도로 익으면 냉장고에 두고 먹는다.

저염열무얼갈이물김치

면역력 회복에 효과가 좋은 열무와 얼갈이를 사용하여 담근 물김치이다. 얼갈이 없이 열무만 사용하여 담가도 된다.

INGREDIENTS

열무 500g, 얼갈이 500g
소금물(물 500ml, 천일염 1/2C)

| 양념 |

파프리카 1개, 밥 100g, 양파 1/2개
마늘 10개, 생강 5g, 멸치액젓 2T
육수 200ml
물김치국물 물 1300ml, 소금 15g(1%)
• 취향에 따라 소금 1~2T 추가
마무리 양파 1/2개, 쪽파 100g
붉은 고추(장식용) 1개(선택)

1. 열무와 얼갈이를 7cm 길이(3~4토막)로 잘라 3번 씻어 소금물에 1시간 절인 뒤 한 번 더 깨끗이 씻어서 물기를 빼 둔다. *빠르게 절이고 싶으면 열무와 얼갈이에 여분의 소금을 한 줌 정도 추가로 뿌려 준다. *절이는 중간에 한 번 뒤집어 준다.

2. 양념 재료를 블렌더에 넣고 갈아 준다.

3. 김치통에 물 1300ml와 소금 15g을 넣어 주고 갈아 둔 양념과 채 썬 쪽파, 양파를 넣어 준다.

4. 양념을 넣은 김치통에 물기를 빼 둔 열무와 얼갈이를 넣고 붉은 고추는 어슷하게 썰어 넣어 준다.

보관

• 하루 정도 실온에 두었다가 거품이 뽀글거리기 시작하면 냉장고에 두고 먹는다.

저염양배추백김치

독일의 사워크라우트라는 양배추절임은 소금 농도가 3% 정도로 김치와 비슷하다. 사워크라우트 레시피에서 소금 양은 줄이면서 우리 입맛에 맞게 김치 양념을 활용해 만들었다. 양배추를 절이는 과정 없이 그대로 사용하기 때문에 만들기 쉽고 맛도 좋으면서 속도 편안하다.

INGREDIENTS

양배추 1kg, 천일염 10g
쪽파나 대파 약간(선택)

| 양념 |

현미밥 3T, 양파 1/4개, 액젓 1T
마늘 6개, 생강 5g

1

양배추를 사방 3cm 정도 크기로 자르고 소금을 넣는다.

2

양배추를 바락바락 주물러 준다.
*2~3분만 주물러도 숨이 죽는다.

3

양념 재료를 블렌더에 넣고 갈아 준다. *수분이 부족해서 갈기 힘들면 2번 과정에서 나온 수분을 넣어 준다.

4

양배추와 양념을 섞어 통에 담고 쪽파나 대파를 넣어 줘도 좋다.

보관

- 김치통의 뚜껑을 덮기 전에 김치 위에 종이 포일을 덮어 준다. 하루 정도 실온에 두었다가 거품이 뽀글거리면 냉장고에 두고 먹는다.

저염간편배추김치

기존의 김치보다 덜 짜고 덜 매운 김치를 직접 만들어서 먹는 것을 추천한다. 소금은 일반김치보다 적게 사용하고 고추 대신 파프리카를 사용하여 자극적인 맛을 줄인 김치이다.

INGREDIENTS

배추 1포기(약 2kg)
소금물(절임용 물 1L, 천일염 1C)
부추 200g, 양파 50g, 대파 1/4대

| 양념 |

현미밥(또는 백미) 100g, 멸치액젓 2T
새우젓 1T, 빨간 파프리카 1개
양파 50g, 마늘 10개, 생강 5g
육수 100m, 고춧가루 5T(35g)
마무리 소금 1~2T

1

배추 자르기 : 배추는 지저분하거나 억센 겉잎을 떼어 낸 다음 먼저 4등분으로 자르고 다시 반으로 잘라 준다. 반으로 자른 배추를 어슷하게 잘라 준다. 먹기 좋은 크기로 김치 겉절이처럼 폭은 좁고 길쭉한 모양이다.

절이기 : 자른 배추는 2~3번 씻어 건져 주고 소금물에 1시간 정도 절여 준다. *배추는 1시간 반까지 절여도 좋다. 절이는 중간에 한 번 뒤집어 준다.

2

양념 재료를 브렌더에 넣고 갈아 준다.

3

절인 배추를 깨끗이 씻어 물기를 뺀다. *채소탈수기를 이용하면 빠르게 물기를 제거할 수 있다.

4

볼에 물기를 제거한 배추와 갈아 둔 양념을 넣어 무쳐 주고 마지막에 소금으로 기호대로 간을 한다. 5cm 길이로 썬 부추와 어슷 썬 대파를 넣어 무쳐 준다.

보관

- 김치통의 뚜껑을 덮기 전에 김치 위에 종이 포일을 덮어 준다. 숙성하지 않고 바로 냉장고에 보관한다.

당근라페

당근을 김치나 장아찌처럼 만들어 두고 먹을 수 있는 음식이다. 그냥 반찬처럼 먹어도 좋지만 김밥속이나 채소말이, 비빔밥 등 각종 요리에 부재료로 사용할 수 있다.

INGREDIENTS

당근 2개(약 400g), 소금(절임용) 1t

| 소스 |

올리브유 2T, 레몬즙 2T
홀그레인머스터드 1T, 꿀 1T
소금 약간(선택)

1

당근은 잘게 채 썰어 준다. *채칼을 이용해도 좋다.

2

채 썬 당근을 5분 정도 소금에 재운다.

3

소스를 준비한다.

4

물기를 짠 당근에 소스를 넣어 무쳐 준다. *취향에 따라 간을 더한다.

양파장아찌

양파에 절임소스를 만들어 부어 주기만 하면 다음날부터 먹을 수 있다. 기존의 장아찌보다 단맛과 짠맛은 줄이고 레몬과 생강, 마늘을 첨가하여 향미와 저장성을 높였다.

INGREDIENTS

양파 500g, 풋고추 2개
마늘 10개, 생강 5g, 레몬 1/4개

| 소스 |

양조간장 100ml, 식초 100ml
꿀 50ml, 채소육수(또는 물) 300ml

1 양파는 먹기 좋게 썰어 준다. 마늘과 생강은 편으로 썰고, 고추도 1cm 정도로 길이로 썰어 준다. 레몬은 씨를 제거하고 얇게 썰어 준다.

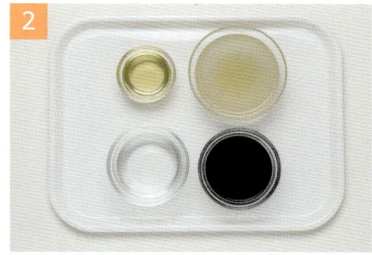

2 소스 재료를 준비한다.

3 소스 재료를 섞는다.

4 소스에 양파, 마늘, 생강, 레몬 등 모든 재료를 넣어 준다.

보관

- 완성한 뒤 바로 냉장고에 두고 먹는다.

두부소스

활용 : 샐러드드레싱, 디핑소스, 스프레드

채소나 각종 곡물과자류(뻥과자)를 두부소스에 찍어 먹으면 맛도 좋으면서도 단백질을 보충할 수 있는 좋은 간식이 된다. 두부소스는 담백하고 건강한 재료로 만들어서 많이 먹어도 부담이 적다. 해조류나 나물류와도 잘 어울려 두부소스로 무쳐서 간편한 반찬을 만들 수도 있다.

INGREDIENTS

두부 1모(400g), 간 깨 4T
들기름(또는 올리브유, 아보카도오일) 4T
레몬즙 6T, 꿀 1T, 간장 2T, 다진 마늘 1T
소금 1t(기호에 따라 가감)
후추 약간(선택)

1. 재료를 준비한다.

2. 두부를 끓는 물에 1분 정도 데친다.

3. 데쳐서 식힌 두부와 나머지 재료를 모두 넣는다.

4. 블렌더를 이용해 갈아 준다.

된장소스

활용 : 생선조림, 국, 무침양념, 쌈장

전통된장은 몸에 좋은 발효식품이지만 많이 짜서 찌개나 국 이외에는 활용하기가 어려운데 다른 재료를 넣어 소스로 만들면 염도를 낮추고 맛도 부드러워져 다양한 음식에 활용하기 좋다.

INGREDIENTS

된장 3T, 두유 100ml, 들깨가루 2T
황태가루 1T, 표고버섯가루 1T
다진 마늘 2T, 고춧가루 2t

1. 재료를 준비한다.

2. 재료를 모두 합친다.

3. 소스를 섞어서 완성한다.

간장소스

활용 : 찜 요리 소스, 샤브샤브 소스, 샐러드드레싱, 냉채 소스

간장에 여러 가지 재료를 넣어 소스를 만들면 채소를 찍어 먹거나 무칠 때 활용할 수 있다. 추가로 와사비나 머스터드를 넣어 주면 풍미가 좋아지고 채소의 영양을 더욱 잘 흡수할 수 있다.

INGREDIENTS

간장 3T, 육수 4T, 식초(레몬즙) 1T, 꿀 1/2~1T(선택), 다진 마늘 1T, 다진 대파 1T
- 와사비간장소스는 와사비 1/4t, 머스터드간장소스는 겨자(디종 머스터드나 홀그레인 머스터드) 1T 또는 연겨자 1t를 넣으면 된다.

와사비간장소스

머스터드간장소스

양념간장소스

활용 : 비빔장, 무침양념, 디핑소스, 국

참기름이나 들기름을 넣어 고소하게 만든 양념간장소스는 한식에서 기본 소스라 할 수 있다. 참기름이나 들기름 중 어떤 기름을 넣느냐에 따라 색다른 양념장의 풍미를 느낄 수 있다.

INGREDIENTS

간장 3T, 고추가루 1/2T, 물 1T
다진 마늘 1T, 다진 대파 1t
들기름(또는 참기름) 1T
들깨가루(또는 참깨가루) 1T

깨소스

활용 : 샐러드드레싱, 라이스페이퍼쌈 소스, 디핑소스, 샤브샤브 소스, 냉채 소스

고소한 깨를 활용해서 만든 소스로 다양한 음식에 활용할 수 있다.

INGREDIENTS

간 깨 2T, 육수 3T
된장소스 1t, 참기름 1T
꿀 1/2~1T(선택)

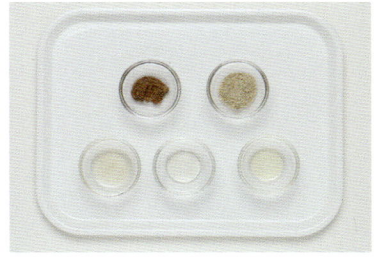 

만능고추장소스

활용 : 국, 찌개, 조림, 무침

일반 고추장은 조금 자극적일 수 있다. 그래서 과일을 넣어 최대한 매운맛은 줄이고 풍미를 살려 소스를 만들었다. 건강한 식단을 하면서 매콤한 음식이 먹고 싶을 때 활용한다. 꿀이나 식초를 추가하면 비빔국수나 무침 소스로도 활용할 수 있다.

INGREDIENTS

전통 고추장 2T, 토마토 100g
사과 50g, 양파 30g, 다진 마늘 2T
생강 5g, 고춧가루 1T, 소금 약간

1. 재료를 모두 준비한다.

2. 모든 재료를 함께 블렌더에 넣어 갈아 준다.

조갯살강된장

활용 : 비빔밥 양념, 쌈, 디핑소스

된장에 여러 가지 재료를 넣어 강된장을 만들면 양념처럼 밥에 비벼 먹거나 채소와 함께 쌈을 싸 먹으면 맛도 좋고 풍부한 영양을 섭취할 수 있다.

INGREDIENTS

된장소스 4T
조갯살(냉동 조갯살도 가능) 100g
표고버섯 3개(50g), 호박 60g
양파 50g, 다진 대파 2T, 육수 200ml

1. 버섯, 호박, 양파를 커터기에 넣고 잘라 준다.

2. 준비한 육수에 잘게 간 채소와 된장소스를 넣어 끓여 준다.

3. 어느 정도 조려지면 마지막 단계에 조갯살을 넣어 주고 다진 대파를 넣어 완성한다.

TIP

- 조갯살 대신 우렁, 새우 등의 해산물을 이용하거나 조갯살을 넣지 않고 만들어도 된다.

토마토소스

활용 : 조림, 카레, 각종 토마토 요리

시판 토마토소스에는 각종 설탕이나 첨가물이 많이 들어 있어서 직접 만들어 먹는 것이 좋다. 토마토소스를 음식에 넣으면 깊은 풍미를 더할 수 있고 간편하게 영양이 풍부한 음식을 만들 수 있다. 두유기를 이용해 미리 만들어 두면 편리하다.

INGREDIENTS 500ml 분량

토마토 200g, 양파 50g
마늘 3개, 올리브오일 1T
소금 약간, 채소육수(또는 물) 300ml

1. 토마토를 준비하고, 양파도 적당히 잘라 준다.

2. 재료를 두유기에 넣어 죽 코스(약 24분)를 이용해 조리해 준다. *두유기가 없다면 냄비에 넣고 중약불에서 10분 정도 끓여 준 후 블렌더에 갈아 준다.

과카몰리

활용 : 샐러드드레싱, 스프레드, 디핑소스

아보카도는 쉽게 상하는 편이라 한 팩을 구입했을 때 일부는 버리게 되는 경우가 있다. 아보카도가 물러지기 시작할 때 이 소스를 만들어 두면 간편하게 활용하기 좋다.

INGREDIENTS

아보카도 2개
양파 1/4개, 토마토 1개
다진 마늘 1T
풋고추 1개, 레몬즙 2T
소금 1/2t, 후추 약간

1. 토마토는 씨를 제거한 후 작은 사각 모양으로 썰고, 양파도 토마토와 비슷한 사이즈로 썰어 준다. 풋고추는 잘게 썰어 준다.

2. 아보카도는 껍질을 벗기고 씨를 제거한 후 볼에 넣고 으깨 준다.

3. 모든 재료를 섞어 주고 소금, 후추로 간한다.

천연양념가루

천연양념가루를 만들어 두면 음식을 만들 때 조미료 없이 천연의 재료로 깊은 맛을 낼 수 있어 유용하다. 특히 국, 죽, 소스 등에 넣으면 음식의 풍미나 영양가를 높일 수 있어 좋다.

미역가루

활용 : 국, 죽

항암 치료 중에는 해조류를 많이 섭취하는 것이 좋은데 음식에 미역가루를 넣어서 먹으면 쉽게 섭취할 수 있다. 자른 미역을 사용하면 미역가루를 쉽게 만들 수 있다.

INGREDIENTS
자른 미역 50g

1. 미역을 팬에 올리고 중약불에서 5분 정도 볶아 준다.

2. 볶은 미역을 블렌더에 갈아 준다.

새우가루

활용 : 국, 죽, 밑반찬, 완자

보리새우가 아닌 다른 종류의 말린 새우를 사용해도 된다. 국이나 죽 등 다양한 음식에 넣으면 맛과 영양을 높일 수 있다.

INGREDIENTS
보리새우 50g

1. 팬에 보리새우를 올리고 중약불에서 5분 정도 수분을 날려 준다.

2. 수분을 날린 새우를 블렌더에 넣고 갈아 준다.

황태가루

활용 : 국, 죽, 소스

국이나 죽 등 다양한 음식에 넣으면 맛과 영양을 높일 수 있다.

INGREDIENTS

황태 50g

1. 마른 황태를 2~3cm 정도로 잘라서 준비한다.

2. 황태를 프라이팬에서 잘 볶아 준 후 식힌다.

3. 블렌더에 넣고 갈아 준다.

표고버섯가루

활용 : 국, 죽, 소스, 완자

표고버섯이 쌀 때 깨끗하게 손질해 말려 두었다가 표고버섯가루를 만들어 음식에 사용하면 좋다. 썰어서 말린 표고버섯을 사용하면 더욱 쉽게 가루를 만들 수 있다.

INGREDIENTS

마른 표고버섯 50g

1. 마른 표고버섯을 깨끗한 천을 이용해 닦은 다음 팬에 볶아 준다.

2. 볶은 표고버섯을 식힌 다음 블렌더에 넣어 곱게 갈아 준다.

간편샐러드드레싱

채소는 그냥 먹기보다 드레싱을 뿌려 먹는 편이 맛있게 많이 먹을 수 있다. 그런데 한 가지 드레싱만 먹다 보면 싫증이 날 수 있으므로 다양한 드레싱이 필요하다. 올리브오일이나 아보카도오일에 식초를 넣어 먹는 비니그렛을 다양하게 만들어 두면 색다른 맛을 즐길 수 있다.

올리브오일드레싱

레몬이나 다양한 맛의 식초를 사용하거나, 머스터드나 향신료들을 사용하면 드레싱에 다양한 풍미를 낼 수 있다.

INGREDIENTS

올리브유 4T, 레몬 4T
홀그레인 머스터드 1T
다진 마늘 1T, 꿀(선택) 1/2~1T
소금 약간(선택)

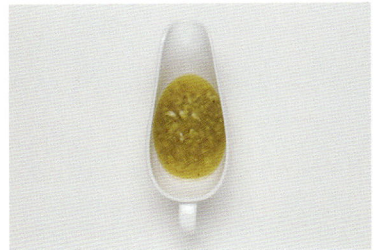

발사믹드레싱

발사믹식초는 천연의 단맛이 있어 단맛이 어울리는 음식에 곁들이면 좋다.

INGREDIENTS

올리브유 4T
발사믹식초 4T
다진 마늘 1T
소금 약간(선택)
후추 약간

두부밥

밥에 두부를 넣어 두부밥을 만들어 먹으면 탄수화물의 섭취를 줄이고 특별한 반찬이 없어도 단백질을 많이 섭취할 수 있다. 두부 양은 기호에 맞춰서 늘려도 된다.

INGREDIENTS

현미밥 1공기(200g)
두부 1/2모(200g)
들기름 1T
소금 약간

1. 두부의 물기를 짜서 팬에 올려 물기를 날려 준다.

2. 현미밥에 물기 날린 두부와 들기름, 소금을 넣어 섞어 준다.

두유

시판 두유에는 당분 및 첨가물이 많이 들어 있어서 직접 만드는 것을 추천한다. 두유기를 사용하면 편리하고 손쉽게 만들 수 있다. 콩을 불리지 않고 그대로 사용하면 비린내가 나고 소화흡수가 잘되지 않기 때문에 하루 전날 불려서 사용한다.

INGREDIENTS

콩 4T
물 500ml

1. 콩을 깨끗이 씻어 불린다. *두유에는 주로 서리태, 흑태, 약콩(쥐눈이콩) 백태(흰콩, 메주콩) 등을 사용한다.

2. 불린 콩과 물을 두유기에 넣고 두유 코스를 선택해 작동시킨다. *전날 밤 두유기에 콩을 넣고 예약 프로그램을 사용하면 다음날 아침에 따뜻한 두유를 먹을 수 있다.

황태보푸라기

밀반찬으로 먹을 수 있고 주먹밥, 김밥, 비빔밥에 추가로 넣으면 단백질을 보충하면서 맛도 업그레이드할 수 있다. 미리 만들어 두면 다양하게 활용할 수 있다.

INGREDIENTS

황태 50g

| 양념 |

간장 2T, 청주 1T
들기름 2T, 꿀 1T
후추 약간
통깨 약간

1. 황태를 가위로 3cm 정도 길이로 잘라 준다.

2. 황태를 커터기에 넣어 갈아 준다.
*잘 갈리지 않으면 조금씩 갈아 준다.

3. 양념을 만들어 준다.

4. 갈아 둔 황태에 양념을 넣어 무친다.
*황태에 들기름을 먼저 넣어 무쳐 주면 다른 양념을 넣어 무치기가 쉽다.

건새우마늘종조림

마늘종을 한 단 사면 양이 많아 다 먹기 힘들다. 살짝 데친 다음 소분해서 냉동해 두었다가 해동해 사용하면 좋다.

INGREDIENTS

마늘종 200g
마른 새우 50g
소금 1T
참기름 1T
통깨 1T

| 양념장 |

간장 2T
청주 2T, 꿀 1T

1

마늘종은 5cm 길이로 잘라서 준비한다.

2

마늘종을 끓는 물에 소금을 1T 넣어 30초 정도 삶고 건져 찬물에 넣었다가 꺼내 물기를 빼 둔다.

3

마른 새우는 비린내를 제거하기 위해 팬에 볶아 준다.

4

새우 볶은 팬에 마늘종, 양념장을 넣어 볶은 후 불을 끄고 참기름과 통깨를 넣고 섞어 준다.

마늘버섯달걀장조림

고기 대신 달걀과 버섯으로 만든 장조림이다. 간을 약하게 만들어 상하기 쉬우므로 조금씩 만들어 먹는 것이 좋다.

INGREDIENTS

달걀 7~8개
표고버섯 5개
꽈리고추 5개(선택)
마늘 5개

| 양념장 |

간장 100ml
청주 50ml
육수 300ml
꿀 1T(선택)

1. 마늘은 편으로 썰고, 버섯과 꽈리고추도 씻어서 준비해 준다.

2. 달걀은 삶아 껍데기를 벗겨 준다.

3. 양념장 재료를 준비한다.

4. 양념장, 달걀, 버섯, 마늘, 고추를 냄비에 넣고 중약불에서 5분 끓여 준다.

꽈리고추멸치조림

보통은 꽈리고추가 맵지 않은데 매운 꽈리고추라면 고추씨를 제거하고 요리하면 된다.

INGREDIENTS

중간멸치 50g
꽈리고추 150g
다진 마늘 2T
청주 2T
참기름 1T
통깨 1T

| 양념장 |

간장 3T, 물 4T
꿀 1~2T
후추 약간

1. 멸치를 준비하고, 꽈리고추는 반으로 잘라 양념장이 잘 배이도록 한다.

2. 멸치는 비린내를 제거하기 위해 1~2분 정도 팬에 볶은 뒤 그릇에 담아 둔다.

3. 팬에 고추와 마늘을 올리고 1분 정도 볶다가 양념장을 넣어 조려 준다.

4. 고추가 양념장에 조려지면 멸치와 청주를 넣어 볶아 준 뒤 불을 끄고 참기름, 통깨를 넣어 준다. *멸치는 이미 볶아 놓았으므로 오래 볶지 않아도 된다.

연근초조림

보통 많이 먹는 간장에 조린 달콤한 연근조림이 아니라 식초를 넣은 양념으로 조려서 새콤한 연근조림이다. 새콤한 맛이 입맛을 돋우고 연근의 좋은 영양분을 잘 섭취할 수 있는 반찬이다.

INGREDIENTS

연근 200g
식촛물(식초 2T, 물 200ml)

| 양념장 |

육수 200ml
식초 4T, 꿀 1T(선택)
간장 1T, 소금 1/2t

1 연근은 씻어서 3mm 두께로 자른다.

2 연근을 식촛물에 담가 둔다.

3 양념장 재료를 모두 넣고 끓여 준다.

4 양념장이 끓으면 식촛물에 담가 둔 연근을 건져 넣고 양념장이 거의 없어질 때까지 7~8분 정도 조려 준다.

항암 1~2주 차 식단

김훈하 약사의 항암 식단 가이드

| 항암 1~2주 차 증상과 부작용 |

항암 주사를 맞은 날부터 3일까지는 식사를 하기가 힘든 상태가 됩니다. 세포 독성 항암제의 대표 부작용은 오심, 구토, 변비, 설사, 관절 통증, 어지러움, 백혈구 저하, 빈혈 등의 증상입니다.

첫 3일은 병원에서 주는 항구토제를 복용하므로 토하지는 않지만 모든 음식의 냄새에 민감하게 되고 울렁거립니다. 10일 이내에 심각한 구내염이 나타나기도 합니다. 항암 1주 차의 식단은 최대한 자극적이지 않으면서 따뜻한 음식을 섭취해야 합니다. 장의 상태도 오락가락해서 설사나 변비가 생기게 됩니다.

최대한 소화와 흡수가 잘되는 죽이나 국 종류와 맵지 않은 물김치를 섭취하는 것이 좋습니다. 이때는 기운도 없어서 가장 만들기 쉬운 레시피로 간단히 만들 수 있는 음식이 적당합니다. 저는 이 시기에 누룽지, 고구마, 전복죽, 전복미역국, 달걀찜, 열무물김치로 견디었습니다. 다양한 레시피를 그때 알았다면 구내염에 걸리지 않았을 텐데요.

항암 2차 때 심각한 구내염으로 고생했습니다. 혀뿌리에 생긴 엄청 큰 염증 때문에 목 넘김이 말도 못할 정도로 고통스러웠습니다. 구내염의 고비를 넘기고 식단을 바꾸고 나서는 이런 염증 부작용이 나타나지 않았습니다.

항암 독성을 빨리 내보내는 것은 결국 채소 섭취가 핵심입니다. 다양한 방법으로 조리해서 채소를 많이 섭취하면 변비, 설사가 사라집니다. 몸의 체액도 정상화됩니다. 산성화된 몸에서 암이 더 빠르게 자랍니다. 채소 속의 칼륨은 암세포를 포위해서 자라지 못하게 합니다.

오트밀은 귀리를 쪄서 만든 것인데 귀리에는 베타글루칸이 많고 소화 흡수력도 좋습니다. 장과 면역력에 좋은 역할을 합니다. 항암 첫째 주는 오트밀이나 각종 죽과 국을 준비해 놓고 조금씩 자주 먹는 방식으로 하면 좋습니다. 1일 3끼가 아니라 먹을 수 있는 양만 섭취합니다. 먹은 게 소화되어 배가 고프면 1일 4~5끼로 섭취해도 됩니다.

| 항암 부작용 극복을 위한 음식 |

- **죽** : 오버나이트오트밀달걀죽, 오버나이트오트밀채소죽, 오버나이트오트밀시금치죽, 오버나이트오트밀누룽지죽, 연어토마토죽, 전복미역죽, 낙지애호박죽, 새우죽, 버섯죽, 잣마죽, 동태콩나물죽
- **국, 찌개** : 쑥국, 새우탕, 매생이굴국, 김국
- **나물** : 가지나물, 느타리버섯볶음
- **콩가루찜** : 부추콩가루찜, 가지콩가루찜
- **채소찜**
- **달걀찜** : 브로콜리달걀찜, 순두부달걀찜
- **생선조림** : 삼치생강조림
- **특별식** : 새우쌀국수, 도토리묵사발, 검정콩국수, 채소찜비빔밥
- **음료** : 채소주스, 생강레몬차
- **간식** : 현미빵과 과카몰리

오트밀죽

오트는 귀리라고 부르는 곡류로 단백질 함량이 높아 좋은 식품으로 알려져 있지만 섬유질이 많아 소화가 잘 안 된다는 단점이 있다. 이를 보완하기 위해 쪄서 납작하게 압착한 것이 오트밀이다. 처음에는 입맛에 맞지 않을 수 있지만 자주 요리해 먹다 보면 그 매력에 빠지게 된다.

이 책에서는 오버나이트오트밀죽의 다양한 레시피를 소개했다. 오트밀을 미리 불려 준비해 두면 필요할 때 금방 간편하게 맛있고 소화가 잘되는 부드러운 죽을 끓일 수 있다. 예전에는 수입품을 사용할 수밖에 없었지만 요즘에는 한살림과 같은 매장에서 신선한 국산 오트밀을 구입할 수 있다.

- **오트밀 불리기** : 오트밀에 동일 분량의 물을 넣는다. 사용하기 최소 1시간 전에 불린다.
- 불린 오트밀 1C을 1인분 양으로 보면 된다.

현미죽

쌀로 죽을 끓이면 시간이 오래 걸린다. 밥을 사용하면 죽 끓이는 시간도 단축되고 소화도 잘된다는 이점이 있다.

오버나이트오트밀달걀죽

보통 죽과 다르게 간단하게 뚝딱 완성할 수 있는 죽이다. 특히 항암 치료 시작으로 몸이 힘든 시기이므로 미리 불려 둔 오트밀과 달걀을 넣고 끓이기만 하면 맛있고 영양 가득한 죽을 만들 수 있다.

INGREDIENTS

불린 오트밀 1C
육수 200ml
달걀 1개
참기름 1T
간 깨 1t
소금 약간

1. 하루 전날 오트밀과 물을 동일 분량으로 섞어 통에 담아 냉장고에 넣어 둔다.

2. 불린 오트밀을 준비한다.

3. 불린 오트밀을 냄비에 담고 육수를 넣어 끓여 준다.

4. 죽이 걸쭉해지면 달걀을 풀어 넣어 끓이고 간을 맞춘 뒤 불을 끄고 참기름과 간 깨를 넣어 준다.

오버나이트오트밀채소죽

채소를 많이 섭취하기 위해 다양한 채소를 갈아서 죽에 사용하면 좋다. 미리 채소를 갈아서 냉동실에 넣어 두면 불린 오트밀과 채소를 넣어 간단하게 끓일 수 있다. 채소의 크기는 원하는 식감에 따라 조절하면 된다.

INGREDIENTS

불린 오트밀 1C, 당근 30g
양파 30g, 브로콜리 30g
육수 300ml, 들기름 1T
들깨가루 1t, 소금 약간
• 채소는 집에 있는 것을 자유롭게 사용하면 된다.

1

하루 전날 오트밀과 물을 동일 분량으로 섞어 통에 담아 냉장고에 넣어 둔다.

2

불린 오트밀을 준비한다.

3

채소를 커터기에 갈아 준다.

4

육수에 채소 간 것을 먼저 넣어 익히다가 채소가 물러지면 불린 오트밀을 넣고 끓여 간을 맞춘 뒤 불을 끄고 들기름과 들깨가루를 넣는다.

오버나이트오트밀시금치죽

된장 베이스로 삶은 시금치를 넣어 끓여 주면 입맛 없을 때 식욕을 돋울 수 있다. 비타민, 미네랄, 식이섬유, 항산화 물질이 풍부한 시금치를 미리 데쳐서 손질해 냉동해 두면 소화도 잘되고 옥살산도 제거할 수 있어 편하게 사용할 수 있다.

INGREDIENTS
불린 오트밀 1C
삶은 시금치 50g
된장소스(p.43) 1/2~1t
육수 200ml

1. 하루 전날 오트밀과 물을 동일 분량으로 섞어 통에 담아 냉장고에 넣어 둔다.

2. 불린 오트밀을 준비한다.

3. 삶은 시금치를 잘게 잘라 준비한다.

4. 육수에 삶은 시금치와 오트밀, 된장소스를 넣고 끓여 준다.

오버나이트오트밀누룽지죽

오트밀에는 쌀에 부족한 단백질이 많이 들어 있어 오트밀을 넣어 누룽지죽을 끓이면 영양학적으로 좋다. 오트밀이나 현미로 직접 누룽지를 만들어도 좋지만 시중 제품을 사용해도 된다.

INGREDIENTS

불린 오트밀 1C
불린 누룽지 1C
물 400ml

1. 전날 오트밀과 물을 동일 분량으로 넣어 통에 담아 냉장고에 넣어 둔다.

2. 전날 누룽지와 물을 동일 분량으로 넣어 통에 담아 냉장고에 넣어 둔다.

3. 불린 오트밀과 누룽지를 준비한다.

4. 오트밀과 누룽지에 물을 넣고 끓여 준다. *물 양은 원하는 죽의 농도에 맞춰 더 넣어도 된다.

연어토마토죽

오메가 3 지방산이 풍부한 연어와 비타민과 식이섬유가 풍부한 토마토는 영양학적으로 서로 상호 보완적인 좋은 조합이다. 게다가 함께 조리하면 토마토가 연어의 비린 맛을 잡아 주고 맛도 잘 어울려 맛과 영양을 한 번에 잡을 수 있다.

INGREDIENTS

연어 100g, 청주 1T, 올리브오일 1T
마늘 3개, 토마토소스(p.48) 200ml
당근 50g, 새송이버섯 1개
호박 50g, 양파 50g, 현미밥 1공기(200g)
육수 500ml, 소금 약간

미리 준비하기

현미밥 200g과 육수 300ml를 넣고 블렌더에 넣고 갈아 준다.

1 연어를 사방 0.5cm 크기의 주사위 모양으로 자르고, 마늘은 편으로 썰어 준다. 팬에 청주와 올리브오일을 넣고 연어와 마늘을 넣어 볶다가 연어가 어느 정도 익으면 꺼내 둔다.

2 당근, 새송이버섯, 호박, 양파를 커터기에 넣고 갈아 준다.

3 연어를 익힌 냄비에 간 채소와 육수 200ml를 넣고 끓여 준다.

4 채소가 익으면 토마토소스, 현미밥 간 것, 익혀 둔 연어와 마늘을 넣고 끓여서 죽의 농도를 맞춘 다음 소금으로 간한다.

전복미역죽

전복은 대표적인 보양 재료이다. 손질이 까다로운 편이므로 손질된 전복을 사서 사용하면 좋다. 미역가루를 이용해 간편하게 미역의 맛과 영양을 더했다.

INGREDIENTS

전복 2마리(60g)
미역가루(p.50) 1T, 청주 1T
들기름 1/2T, 간 깨 약간
현미밥 1공기(200g)
육수 500ml

1

손질한 전복을 얇게 썰어 팬에 넣고 청주, 들기름을 넣고 볶아 준다.

2

물기가 날아가고 전복이 익으면 불을 끈다. *너무 익히면 전복이 질겨진다.

3

현미밥을 육수 300ml와 함께 블렌더에 넣고 갈아 준다.

4

전복을 볶은 냄비에 밥 간 것과 육수 200ml, 미역가루를 넣고 끓여 준다.

낙지애호박죽

낙지는 타우린이 풍부해 원기회복에 탁월하다. 낙지는 너무 오래 조리하면 질겨지고 소화가 잘 안 되므로 마지막 단계에 넣어서 짧게 조리해야 한다.

INGREDIENTS

낙지 1마리, 애호박 100g
양파 30g, 현미밥 1공기(200g)
표고버섯가루(p.51) 1T(선택), 육수 500ml
참기름 1/2T(선택), 간 깨 1T

낙지 데칠 때
청주 1T, 물 50ml, 마늘 1개, 대파 약간

1 애호박과 양파를 커터기에 넣고 갈아 준다.

2 청주, 마늘, 대파를 넣은 물이 끓으면 손질한 낙지를 넣고 1분 정도 데쳐 주고 낙지가 식으면 잘게 썰어 둔다.
*낙지 크기에 따라 조리 시간을 조절한다. *데친 물은 버리지 말고 건더기를 걸러 준다.

3 현미밥을 육수 300ml와 함께 블렌더에 넣고 갈아 준다.

4 2번에 밥 간 것과 육수 200ml, 표고버섯가루를 넣고 끓여 준다. 끓으면 간 깨를 넣어 준다.

새우죽

새우는 어디서나 쉽게 구입할 수 있으면서도 바다의 자양강장제라는 별명이 있을 정도로 피로회복에 탁월한 효과가 있다.

INGREDIENTS

새우 50g, 양파 30g
당근 30g, 부추 30g
현미밥 1공기(200g)
소금 약간(선택)
육수 500ml
청주 1T, 참기름 2T
새우가루(p.50) 1/2T(선택)
표고버섯가루(p.51) 1/2T(선택)

미리 준비하기
새우는 해동한 뒤 씻어 준비한다.

1. 팬에 청주와 참기름을 넣고 손질한 새우를 볶아 준다. *청주가 날아갈 때까지만 볶으면 된다.

2. 양파, 당근을 커터기에 넣고 갈아 준다. 부추는 쫑쫑 썰어 준다.

3. 현미밥을 육수 300ml와 함께 블렌더에 넣고 갈아 준다.

4. 1번에 현미밥 간 것, 채소 간 것, 육수 200ml를 냄비에 넣고 끓여 준다. 새우와 채소가 익으면 부추를 넣고, 끓으면 불을 끄고 참기름을 넣어 준다. *취향에 따라 간을 한다.

TIP

- 새우를 양파와 당근 갈 때 같이 커터기에 넣고 갈아서 조리해도 된다.
- 새우가루, 표고버섯가루는 현미밥 간 것, 채소 간 것, 육수 넣을 때 같이 넣어 끓이면 육수에 우러나와 맛과 풍미를 더할 수 있다.

버섯죽

버섯은 대표적인 항암 식재료로 단백질 함량도 높고 무기질과 비타민이 풍부하다. 기력을 회복하고 면역력을 높이기 위해 다양한 버섯을 넣어 끓인 버섯죽을 추천한다.

INGREDIENTS

버섯(새송이버섯, 표고버섯) 150g
양파 30g, 들깨가루 3T
들기름 1T, 현미밥 1공기(200g)
육수 500ml

미리 준비하기

현미밥 200g과 육수 300ml를 블렌더에 넣고 갈아 준다.

1. 버섯과 양파를 커터기에 넣고 갈아 준다.

2. 현미밥 간 것, 채소 간 것, 육수 200ml를 냄비에 넣고 버섯이 부드러워질 때까지 끓여 준다.

3. 들기름과 들깨가루를 준비한다.

4. 죽에 들깨가루를 넣어 끓인 뒤 불을 끄고 들기름을 넣어 준다.

잣마죽

비타민이 풍부하고 소화가 잘되는 마를 이용해 죽을 만들면 좋다. 맛이 밋밋한 편이라 고소한 잣을 넣어 맛과 풍미를 더했다.

INGREDIENTS

마 300g
잣 50g
현미밥 1공기(200g)
두유 500ml
물 200ml
소금 약간

1. 잣과 마에 물을 넣고 갈아 준다.

2. 두유를 두유기로 준비한다.(p.54 참고)

3. 현미밥을 두유 300ml와 함께 블렌더에 넣고 갈아 준다.

4. 현미밥 간 것, 잣과 마 간 것, 남은 두유 200ml를 냄비에 넣고 끓여 준다. 농도가 적당해지면 소금으로 간을 맞추고 불을 끈다.

동태콩나물죽

단백질이 풍부한 생선과 각종 비타민과 단백질이 풍부한 콩나물을 이용하여 끓인 죽으로 부족한 영양분을 보충할 수 있다.

INGREDIENTS

동태살 150g
콩나물 150g
양파 50g
무 50g
현미밥 1공기(200g)
육수 500ml, 들기름 2T
청주 1T, 소금 약간

미리 준비하기

현미밥 200g과 육수 300ml를 블렌더에 넣고 갈아 준다.

1 콩나물을 육수 200ml에 넣고 냄비 뚜껑을 덮어 3분간 삶아 건져 준다. 삶은 콩나물은 2cm로 자르고 삶은 물도 버리지 않고 준비한다.

2 동태살의 물기를 제거하고, 양파와 무를 함께 커터기에 넣고 갈아 준다.

3 청주 1T과 들기름 1T을 넣고 간 동태살과 채소를 볶듯이 저어 어느 정도 익힌다.

4 동태살을 볶은 냄비에 콩나물 삶은 물을 넣어 끓이다가 현미밥 간 것, 자른 콩나물을 함께 넣어 끓여 준다. 죽의 농도가 적당해지면 소금으로 간을 맞추고 불을 끄고 들기름 1T을 넣어 준다.

쑥국

쑥은 우리 몸에 좋은 효능을 가진 성분이 풍부하며 맛과 향도 뛰어나다. 쑥 대신 풋배추나 냉이 등 취향에 따라 다른 재료를 사용하여 만들어도 된다.

INGREDIENTS

쑥 100g
두부 1/2모(200g)
된장소스(p.43) 2T
육수 600ml

1. 육수에 된장소스를 풀어 끓여 준다.

2. 깨끗이 손질해 씻은 쑥을 끓는 육수에 넣어 준다.

3. 중불에서 7~8분 정도 끓여 준다.

4. 끓으면 두부를 넣고 조금 더 끓여 준다.

새우탕

냉동실에 새우가 있으면 냉장실에 있는 채소들, 두부, 달걀을 넣어 간편하게 뚝딱 만들 수 있다. 밥 없이 이것만 먹어도 든든한 한 끼로 손색이 없다.

INGREDIENTS

새우 5~7마리, 두부 70g
청경채 50g, 양파 30g
달걀 1개, 대파 1/4대
다진 마늘 1T, 참기름 1T
육수 600ml

• 새우가루(p.50) 1T을 넣어 주면 새우 풍미가 가득한 새우탕을 만들 수 있다.

미리 준비하기

새우는 해동한 뒤 씻어 준비한다.

1. 두부는 깍둑 썰고, 청경채는 5~6cm 길이로 잘라 주고, 양파는 채 썰고, 대파는 얇게 썰어 준다.

2. 육수가 끓으면 청경채와 양파를 넣어 준다.

3. 청경채가 익으면 손질해 둔 새우, 두부, 대파, 다진 마늘을 넣어 준다.

4. 재료가 다 익으면 달걀을 풀어 넣은 후 끓으면 참기름을 넣어 준다.

매생이굴국

굴만 있어도 쉽게 맛있는 굴국을 끓일 수 있는데 여기에 매생이를 추가하면 색다른 굴국을 만들 수 있다. 매생이 손질이 어려울 경우 동결건조 매생이를 이용하면 간편하게 만들 수 있다.

INGREDIENTS

굴 8개(100g), 무 100g
양파 30g, 부추(또는 대파) 30g
동결건조 매생이 2g, 청주 1T
육수 600ml, 다진 마늘 1T, 참기름 1T

미리 준비하기

굴은 소금이나 밀가루를 이용해서 깨끗하게 씻어 준비한다.

1. 무는 얇게 나박나박 썰고, 양파는 채 썰고, 부추는 5cm 길이로 썰어 준다.

2. 육수에 무를 넣어 준다.

3. 무가 익으면 굴, 양파, 다진 마늘, 청주를 넣고 끓여 준다.

4. 굴이 익으면 매생이, 부추를 넣고 끓으면 불을 끄고 참기름을 넣어 준다.

김국

만들기 쉽지만 맛도 좋아 국이 필요할 때 후딱 만들어 먹기 좋다. 돌김을 사용하면 풍미가 좋고 맛도 더 풍부한 편이라 추천한다. 만약 돌김이 없으면 일반 김이나 묵은 김으로 만들어도 좋다.

INGREDIENTS

돌김(2g) 3장 또는 곱창돌김(3g) 2장
달걀 2개, 육수 600ml
다진 대파 1~2T, 다진 마늘 1T
청주 1T, 참기름 1T
소금 약간, 간 깨 1T(선택)

1. 육수를 준비한다.

2. 육수를 끓인 뒤 돌김을 넣고 끓여 준다.

3. 달걀, 다진 대파, 다진 마늘, 청주를 준비한다. 달걀은 풀어 준다.

4. 김을 넣고 끓으면 준비한 3번 재료를 넣고 끓여 준다. 끓으면 소금으로 간을 맞추고 불을 끈 다음 참기름, 간 깨를 넣어 준다.

가지나물

항암, 항산화, 항염 등 효능이 뛰어난 가지로 간단히 만들 수 있는 레시피이다.

INGREDIENTS

가지 1개(200g)

| 양념장 |

국간장 1/2T
들기름 1T
간 깨 1T
다진 마늘 1t(선택)
소금 약간(선택)

1. 가지를 얇은 스틱처럼 잘라 준다.

2. 썰어 둔 가지를 김 오른 찜기에 올려 4~5분 쪄 준다.

3. 양념장을 만든다.

4. 찐 가지를 꺼내서 양념장으로 무쳐 준다.

느타리버섯볶음

느타리버섯 대신 집에 있는 다른 종류의 버섯을 사용해도 좋다.

INGREDIENTS

느타리버섯 200g
양파 50g
당근 50g
부추 50g
물 2T

| 양념장 |

간장 1T, 참기름 1T
간 깨 1T, 소금 약간(선택)

1

버섯은 밑동을 잘라내고 흐르는 물에 가볍게 씻어 물기를 제거하고 먹기 좋게 찢어 준다. 양파와 당근은 채 썰고, 부추는 5cm 길이로 잘라 준다.

2

팬에 부추를 뺀 모든 채소를 넣고 볶아 준다. *버섯을 기름 없이 볶을 때는 물을 1T씩 2번 정도 넣으며 볶아 준다.

3

양념장을 만든다. 채소가 익고 물기가 생기면 만든 양념장을 붓고 볶아 준다.

4

버섯이 다 볶아지면 마지막에 부추를 넣어 살짝 볶아 준다.

부추콩가루찜

단백질이 풍부한 채소 요리이다. 부추에 날콩가루를 무친 다음 찌기만 하면 간단하게 만들 수 있다.

INGREDIENTS

부추 250g
생(날)콩가루 8T
간 깨 1T
들기름 1T
소금 약간

1. 부추를 씻어 5cm 길이로 잘라 준다.

2. 부추를 볼에 담아 생(날)콩가루를 넣어 무쳐 준다.

3. 김 오른 찜기에 콩가루를 묻힌 부추를 넣고 5분 정도 쪄 준다.

4. 쪄 낸 부추를 볼에 담고 들기름, 간 깨, 소금으로 무쳐 준다.

가지콩가루찜

가지를 소금으로 절인 후 물기를 제거하고 콩가루를 무쳐 쪄 주면 맛도 풍부해지고 부족한 단백질도 더할 수 있어 좋다.

INGREDIENTS

가지 1개(200g)
소금(절임용) 1t
생(날)콩가루 3T

| 양념 |

들기름 1T
간 깨 1T
소금 약간

1
가지를 어슷어슷 0.3cm 두께로 얇게 썰어 준다.

2
썬 가지에 소금을 뿌려 준다. *가지에서 물이 나올 때까지 5~6분 정도 놓아둔다.

3
가지에 생긴 물기를 꼭 짜 주고 볼에 담아 생(날)콩가루를 넣어 무쳐 준다. 김 오른 찜기에 콩가루를 묻힌 가지를 넣고 5분 정도 쪄 준다. *생(날)콩가루의 날 냄새가 없어질 때까지 쪄 준다.

4
쪄 낸 가지를 볼에 담고 양념을 넣어 무쳐 준다.

채소찜

채소를 살짝 쪄서 섭취하면 채소의 영양 손실을 줄일 수 있고 우리 몸이 잘 흡수할 수 있다. 채소찜은 회복기의 암 환자에게 좋은 메뉴이다. 집에 있는 채소들을 이용해 채소찜을 만들고 다양한 소스를 곁들이면 질리지 않고 맛있는 채소찜을 즐길 수 있다.

INGREDIENTS

당근 100g, 단호박 100g, 호박 100g
브로콜리 100g, 양배추 100g
새송이버섯 100g
와사비간장소스(p.44) 적당량

1. 당근, 단호박, 브로콜리 줄기, 호박, 새송이버섯은 두께 1.5cm, 길이 5~7cm의 스틱으로 자르고, 브로콜리 꽃송이 부분은 먹기 좋은 크기로 자르고, 양배추는 사방 5~6cm로 잘라 준다.

2. 당근, 단호박, 호박, 브로콜리 줄기를 먼저 김 오른 찜기에 넣고 5분 정도 쪄 준다.

3. 브로콜리 송이 부분, 새송이버섯, 양배추를 찜기에 추가로 넣고 3~5분 정도 더 쪄 준다.

4. 와사비간장소스를 만든다.

TIP

• 제시된 채소 말고도 냉장고에 있는 채소를 자유롭게 사용해도 된다.

브로콜리달걀찜

브로콜리와 달걀을 함께 먹으면 브로콜리에 풍부한 카로티노이드 성분을 흡수하는 데 효과적이며 단백질도 보충할 수 있어 영양학적으로 좋다.

INGREDIENTS
브로콜리 120g
달걀 2개
다진 대파 1T(선택)
육수(또는 물) 100ml
청주 1T
액젓(또는 새우젓) 1t

1. 브로콜리를 커터기에 넣고 갈아 준다.

2. 달걀은 풀어 주고 육수, 액젓, 다진 대파, 청주를 준비한다.

3. 달걀 푼 것에 브로콜리 간 것, 육수, 액젓, 다진 대파, 청주를 넣고 섞어 준다.

4. 김 오른 찜기에 준비한 것을 올려 약 10분 정도 쪄 준다. 달걀찜을 숟가락으로 찔러서 맑은 물이 나오면 완성이다.

순두부달걀찜

달걀찜을 만들 때 순두부를 넣으면 고소하고 부드럽고 단백질이 풍부한 순두부달걀찜을 만들 수 있다. 아침식사로도 든든하고 반찬으로도 좋다.

INGREDIENTS

달걀 2개
순두부 1/2개(200g)
새우젓(액젓) 1t
다진 대파 1T
당근 10g
육수(또는 물) 100ml
청주 1T

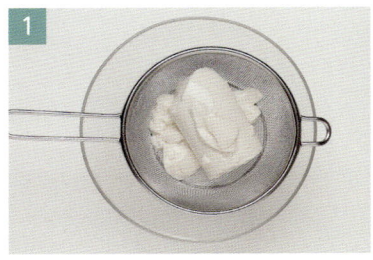

1 순두부를 체에 밭쳐 물로 씻은 뒤 물기를 빼 둔다.

2 달걀은 풀어 주고 새우젓, 다진 대파, 다진 당근, 육수를 준비한다.

3 달걀 푼 것에 새우젓, 다진 대파, 다진 당근, 육수, 청주를 넣고 섞은 다음 순두부를 넣고 대충 부셔 준다.

4 김 오른 찜기에 준비한 것을 올려 13분 정도 쪄 준다. 달걀찜을 숟가락으로 찔러서 맑은 물이 나오면 완성이다.

삼치생강조림

양념장에 생강을 넉넉하게 넣어 삼치의 비린내를 제거하고 풍미를 더했다.

INGREDIENTS

삼치 1마리(500g)
청주(삼치 비린내 제거용) 2T
감자 200g, 양파 50g
생강 15g, 대파 1/2대, 육수 200ml

| 양념장 |

간장 4T
청주 2T
다진 마늘 2T
꿀 1T

1. 삼치에 청주를 뿌려 두고, 감자는 0.5cm 두께로 자르고, 양파는 채 썰고, 대파는 어슷 썰고, 생강은 편으로 썰어 준다.

2. 육수에 감자를 넣고 5분 정도 끓여 준다.

3. 양념장을 만든다.

4. 삼치, 양파, 생강, 대파, 양념장을 넣어 10분 정도 더 조려 준다.

새우쌀국수

면 요리가 먹고 싶을 때는 밀가루면보다 쌀국수면이나 두부면을 이용하면 좋다. 해산물을 이용한 시원한 육수로 간단한 해물쌀국수를 만들 수 있다. 새우 대신 다양한 해물로 만들어도 된다.

INGREDIENTS

(건조)쌀국수 80g, 냉동새우 10마리
숙주 100g, 양파 30g, 육수 500ml
멸치액젓 약간, 레몬(또는 레몬즙) 약간
쪽파 약간, 청주 1T

미리 준비하기

숙주는 씻은 다음 물기를 빼 둔다.
새우는 해동한 뒤 씻어 준비한다.

1. 쪽파는 쫑쫑 썰고, 양파는 얇게 채 썰어 준다.

2. 육수에 청주와 새우를 넣고 끓여 준다. 새우가 익으면 건져 둔다.

3. 쌀국수는 삶아 찬물에 씻은 다음 체에 받쳐 물기를 빼 준다.

4. 육수에 쌀국수를 넣었다가 건져 국수는 그릇에 담는다. 육수에 멸치액젓을 넣어 간을 맞춘 뒤 육수를 다시 뜨겁게 끓인 다음 불을 끄고 숙주, 양파, 익힌 새우를 넣는다. 완성된 육수를 국수 그릇에 붓고 쪽파와 레몬을 올린다.

도토리묵사발

떫은맛을 가진 도토리묵은 해독 작용과 간 기능 개선 효과가 있다. 육수를 차갑게 해서 냉묵사발로 만들어도 좋다.

INGREDIENTS

도토리묵 200g
김치 50g, 쑥갓 10g
대파 1/4대, 삶은 달걀 1개
통깨 1T, 다진 마늘 1/2T
국간장 1T
육수 500ml
김 약간

1. 묵은 길이대로 잘라 주고, 쑥갓은 씻은 다음 두꺼운 줄기는 제거하고 묵 길이와 비슷하게 잘라 준다. 대파와 김치는 잘게 썰어 준다.

2. 김치에 대파 약간, 다진 마늘, 통깨를 넣어 무쳐 준다.

3. 그릇에 묵, 김치, 쑥갓 달걀, 나머지 대파, 김을 올린다.

4. 국간장을 넣어 간을 맞춘 육수를 끓여 3번에 부어 준다.

TIP

- 묵가루로 직접 묵을 만들어 사용해도 좋고, 시중에 파는 묵을 사용해도 된다.

검정콩국수

검은콩으로 두유를 만들어 콩국수 국물로 사용하였다. 두유기를 이용해 간편하게 다양한 농도의 두유를 만들 수 있다. 검은콩뿐만 아니라 다양한 콩과 견과류를 이용하여 콩국수를 만들 수 있다.

INGREDIENTS

검정콩 6T, 물 500ml
두부면 1개(100g), 소금 1/2t(선택)

고명
토마토 1/2개, 오이 20g
대파 약간, 삶은 달걀 1/2~1개

1. 고명 재료를 준비한다. 토마토는 슬라이스하고, 오이는 채 썰고, 대파는 쫑쫑 썰어 준다.

2. 콩과 물을 두유기에 넣어 두유 코스로 두유를 만든다.(p.54 참고)

3. 완성된 두유를 냉장고에 넣어 둔다.

4. 두부면은 충전수를 버리고 몇 번 헹군 다음 물기를 제거하고 그릇에 담아 준다. 그릇에 두유를 붓고 토마토, 오이, 대파, 삶은 달걀로 장식한다. *먹을 때 소금을 기호대로 넣어 준다.

채소찜비빔밥

비빔밥은 다양한 채소와 재료의 영양을 한 번에 섭취할 수 있다. 집에 있는 채소, 버섯, 잎채소(케일, 상추) 등 어떤 재료든 사용해 만들 수 있다.

INGREDIENTS

콩나물 50g
호박 50g
가지 50g
당근 50g
새송이버섯 50g
두부밥(p.53)(또는 현미밥) 1공기 200g
조갯살강된장(p.47) 1T
들기름 1T

1. 호박, 가지, 당근, 새송이버섯은 5cm 길이로 채 썰어 준다.

2. 김 오른 찜기에 준비한 것을 넣고 5분 정도 쪄 준다.

3. 밥을 그릇에 담아 준다.

4. 밥 위에 찐 채소를 담아 강된장, 들기름을 넣어 비벼 준다. *기호에 따라 강된장 양을 조절해서 넣는다.

TIP

- 달걀을 올려서 먹어도 좋다. 강된장 대신 양념간장소스(p.45)로 비벼 먹어도 색다른 비빔밥을 즐길 수 있다.

채소주스

채소를 생으로 먹어도 좋지만 채소를 삶거나 쪄서 먹으면 흡수율이 더 좋아진다. 그래서 몸에 좋은 채소들을 살짝 찐 다음 블렌더로 갈아서 채소주스를 만들어 마시는 것을 추천한다.

INGREDIENTS 300ml 분량

사과 30g, 비트 30g
브로콜리 30g
양배추 30g, 당근 30g
파프리카 30g
토마토 30g
물 100ml

1. 재료를 30g씩 준비한다.

2. 김 오른 찜기에 준비한 것을 넣고 3~5분 쪄 준다.

3. 찐 재료를 블렌더에 넣고 물 100ml를 넣어서 갈아 준다.

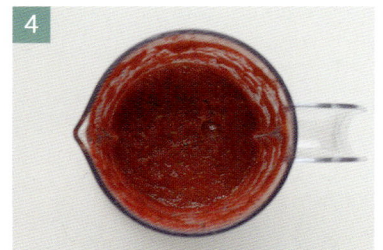

4. 재료가 다 갈리면 완성이다.

생강레몬차

항암, 항염, 항산화 효과가 뛰어나고 면역력을 높여 주는 생강과 레몬, 꿀을 이용하여 차를 만들어 마시는 것을 추천한다. 따뜻하게 먹어도 되고 찬물에 타서 시원하게 즐길 수도 있다.

INGREDIENTS

생강 100g
레몬 100g
꿀 200g
• 생강, 레몬, 꿀의 비율은 1:1:2이다.

1. 생강과 레몬을 쉽게 갈아지도록 작게 잘라 준다. *레몬의 씨는 제거한다.

2. 꿀을 준비한다.

3. 꿀과 썰어 둔 레몬과 생강을 블렌더에 넣고 갈아 준다. *3초씩 3회 정도 갈아 준다. 먹어 보고 거슬리는 건더기가 없는 정도로 갈아 주면 된다.

4. 생강레몬차 1~2스푼을 물에 타서 먹는다.

현미빵과 과카몰리

건강한 간식거리가 필요할 때 과카몰리를 만들어 간편한 간식거리와 곁들이면 영양학적으로 균형을 맞출 수 있어 좋다. 현미빵을 과카몰리를 곁들여 먹으면 고소하고 맛있다.

*각종 곡물과자류로 대체할 수 있고, 과카몰리(p.49) 대신 두부소스(p.42)를 곁들여도 좋다.

4장

항암 3주 차 회복기 식단

김훈하 약사의 항암 식단 가이드

| 회복에 도움이 되는 음식 |

항암 후 10~20일 차에는 거의 정상적인 컨디션으로 회복됩니다. 이 시기에는 10일 동안 1~2kg 정도 빠진 체중도 회복해야 하고, 다음 항암을 위해서 열심히 식사해야 합니다. 항암으로 인해 떨어진 백혈구, 적혈구, 헤모글로빈 수치도 올려야 합니다.

항암 1단계 식사보다 다양한 조리법을 써서 맛과 영양을 다 잡아야 합니다. 체력도 회복되므로 다음 항암을 위한 음식 준비도 미리 해 놓아야 합니다. 항암 주기에서 마지막 1주는 밀린 집안일을 몰아서 합니다. 장보기를 하고, 항암 첫째 주 음식을 만들어서 1끼 분량으로 냉동을 해 놓습니다.

병원에서 항암 때마다 하는 혈액검사 결과지를 꼭 챙겨 놓습니다. 백혈구 수치는 보통 5~6이 이상적이지만 항암 중에는 4점대를 유지하기도 힘듭니다. 3점으로 떨어져 있다면 전복, 문어, 황태, 콩, 달걀, 생선을 더 섭취합니다.

항암 중에는 장이 항암제 독성으로 인해 유해균이 급격히 증가합니다. 그 때문에 모든 음식을 익혀서 먹는 것이 좋습니다. 마지막 주에는 샐러드도 먹을 수 있을 정도로 회복되기는 합니다. 제 경험으로는 고기와 우유를 먹은 다음에는 걷잡을 수 없이 가스가 차고 독한 방귀가 나와서 당황했습니다. 방귀 냄새가 심하다는 것은 그만큼 음식이 장에 부담이 되고 소화시키기 힘들다는 것입니다.

자신이 섭취한 음식을 잘 살펴보고 방귀나 가스가 차게 하는 음식은 중단해야 합니다. 면역세포의 80%가 장 점막에서 만들어집니다. 지금은 장내 환경이 치료에 중요한 시점입니다. 암 환자의 NK세포 활성도는 100에 못 미치는 낮은 수치입니다. 이는 장 점막이 유해균으로 망가져 있다는 뜻입니다.

유익균은 적고 유해균이 많은 상태가 암 환자의 장 상태입니다. 유익균의 먹이는 바로 식이섬유입니다. 채소주스를 가장 기본으로 강조하는 이유가 장에 식이섬유를 최적으로 공급하기 위해서입니다. 채소주스는 과체중인 경우는 1끼 식사로, 저체중인 경우는 간식으로 섭취하면 됩니다. 저는 채소주스를 7년 동안 섭취하는 중입니다.

| 회복기에 섭취해야 할 음식 |

- **별미밥** : 토마토달걀볶음, 브로콜리두부달걀밥, 마파두부덮밥, 카레덮밥
- **국, 찌개** : 시래기된장국, 전복미역국, 콩나물김치국, 들깨탕, 단호박수프, 브로콜리감자수프
- **나물** : 취나물무침, 숙주미나리나물
- **생선조림** : 고등어무조림
- **무침** : 참나물무침, 톳무침, 도라지오이무침
- **샐러드** : 그린샐러드, 두부면샐러드, 라이스페이퍼채소달걀말이, 채소스틱과 두부소스, 고구마샐러드
- **특별식** : 사각김밥, 가지샌드위치, 케일쌈밥, 양배추쌈밥, 열무미역국수, 파프리카오징어찜, 순두부에그인헬, 감자오믈렛, 황태현미떡국

토마토달걀볶음

달걀과 토마토는 별로 어울릴 것 같지 않지만 생각보다 맛이 잘 어울린다. 일반적인 토마토달걀볶음은 만들 때 기름을 많이 사용하지만 기름 없이 담백하게 만들어도 괜찮다. 반찬으로 먹어도 좋고 밥에 곁들여 덮밥으로 먹어도 좋다.

INGREDIENTS

토마토 300g
달걀 3개, 마늘 3쪽
양파 1/4개
대파 1/4대
소금 약간
참기름 1T

1

토마토는 1.5cm 두께로 자르고, 양파는 사방 0.5cm 크기로 자르고, 마늘은 얇게 편으로 썰고, 대파는 쫑쫑 썰어 준다.

2

팬에 마늘과 토마토를 넣고 2~3분 정도 익혀 준다. 이때 소금을 약간 뿌려 준다.

3

달걀에 썰어 둔 양파와 대파, 소금을 넣어 잘 풀어 둔다.

4

팬에 익힌 토마토를 한쪽으로 밀어 두고 비어 있는 팬 공간에 준비한 달걀을 넣고 스크램블처럼 익혀 준다. 달걀이 다 익으면 토마토와 섞어 주고 불을 끈 다음 참기름을 넣는다.

브로콜리두부달걀밥

간편하면서 영양과 맛도 좋은 달걀밥이다. 달걀밥에 브로콜리를 넣어 아삭하게 씹히는 맛을 살리고, 김치를 넣어 느끼함을 잡고, 두부를 넣어 고소함과 영양을 더했다.

INGREDIENTS

브로콜리 150g
두부 1/2모(200g)
밥 1/2공기(100g)
달걀 2개
신 김치 200g
대파 1/2대
참기름 1T
간장 1/2T

1. 브로콜리를 커터기에 넣고 갈아 준다.

2. 신 김치는 씻어서 물기를 짜고 쫑쫑 썰고, 대파도 쫑쫑 썰고, 두부는 천으로 물기를 제거해 준다. 나머지 재료들도 모두 준비한다.

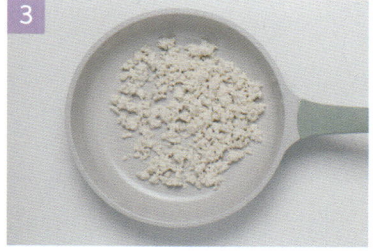

3. 두부를 팬에 볶아 물기를 날려 준다.

4. 두부를 볶은 팬에 브로콜리 간 것, 현미밥, 달걀, 신 김치, 대파를 넣어 달걀이 익을 때까지 볶아 준다. 밥에 간장을 넣고 불을 끈 다음 참기름을 넣는다.

마파두부덮밥

일반적인 마파두부는 두반장을 넣어 만드는데 두반장은 짜고 자극적이어서 된장소스를 활용하였다. 된장을 사용하여 우리 입맛에 더욱 친숙한 느낌을 준다.

INGREDIENTS

두부 1팩, 대파 1/2대
오이고추 50g, 양파 70g
다진 마늘 1T, 육수 200ml
전분물(전분 1T, 물 2T)
참기름 1~2T

| 마파두부소스 |
된장소스(p.43) 1T
만능고추장소스(p.46) 1T
간장 2T, 꿀 1/2T

1. 두부는 사방 1.5cm 정도로 자르고, 양파는 잘게 다지고, 대파와 오이고추는 쫑쫑 썰어 준다.

2. 두부를 끓는 물에 30초간 데쳐 준다.

3. 마파두부소스를 만든다.

4. 육수에 마파두부소스를 넣고 끓인다. 육수가 끓으면 데쳐 둔 두부를 넣고 양파와 대파, 마늘을 넣고 끓인다. 끓으면 간을 맞추고 전분물을 넣어 농도를 확인한 다음 오이고추를 넣고 끓어오르면 불을 끄고 참기름을 넣어 준다.

카레덮밥

카레는 강황과 같은 몸에 좋은 향신료들이 들어 있고, 향도 좋고 맛도 좋아 즐겨 먹는 사람이 많다. 그러나 카레에는 생각보다 많은 양의 밀가루가 들어 있어서 밀가루의 섭취를 제한하는 경우에는 우리쌀카레(한살림에서 구입 가능)를 활용하는 것이 좋다.

INGREDIENTS

양파 100g, 감자 1개(100g)
가지 100g, 토마토 1개(150g)
양송이버섯 4개(100g)
오이고추 2개(50g), 물 400ml
카레물[카레가루 4T(50g), 물 8T]

1
채소들을 사방 1cm 크기로 잘라 준다.

2
오이고추를 제외한 채소를 모두 넣고 5분 정도 볶다가 채소들이 익으면 물을 넣고 5분 정도 더 끓여 준다.

3
카레물을 만든다.

4
2번 냄비에 카레물과 오이고추를 넣고 중약불에서 3분 정도 끓여 준다.

TIP

- 오이고추 대신 피망을 사용해도 좋다.

시래기된장국

시래기를 이용해 나물이나 조림, 국을 끓일 수 있다. 직접 손질하기 어려울 경우 시판하는 삶은 시래기를 사용하면 짧은 시간에 부드럽고 맛깔스런 시래기국을 끓일 수 있다.

INGREDIENTS

삶은 시래기 150g
된장소스(p.43) 2T
물 200ml
육수 600ml
들깨가루 2T

1

시래기를 끓는 물에 1~2분 정도 데쳐 준다.

2

데친 시래기는 물기를 꼭 짜서 1~2cm 길이로 잘게 썰어 준다.

3

물과 육수에 된장소스를 풀어 끓인다.

4

끓는 육수에 썰어 둔 시래기를 넣고 10분 정도 끓여 준다. 마지막에 기호에 따라 들깨가루를 풀어 주거나 두부를 넣는다.

전복미역국

전복은 단백질이 풍부하고 우리 몸의 면역 강화와 보양에 대표적인 식품이다. 식이섬유와 각종 무기질과 영양이 풍부한 미역과 함께 먹으면 상호 보완적인 효과를 볼 수 있다.

INGREDIENTS

전복 2개(60g)
마른 미역 5g
다진 마늘 1T, 들기름 1T
청주 1T, 육수 600ml

미리 준비하기
미역은 찬물에 20분 정도 불리고, 전복은 손질해서 얇게 자른다.

1 미역은 3cm 정도로 잘라 준다.

2 얇게 자른 전복에 청주와 들기름을 넣고 볶아 준다.

3 미역을 부드럽게 하기 위해 주물러 준다. *불린 미역을 볶기 전에 손으로 바락바락 주물러 주면 미역이 부드러워지고 미역에 있는 성분들이 더 쉽게 용출되므로 짧은 시간에 부드럽고 영양 가득한 미역국을 끓일 수 있다.

4 볶은 전복에 미역을 넣어 볶아 준다. 육수를 몇 번에 나누어 넣어 주고, 끓으면 마늘을 넣어 한 번 더 끓여 준다. 기호에 따라 들기름 1/2T을 넣어 준다.

콩나물김치국

무를 넣어 더욱 시원한 맛이 나는 콩나물김치국이다. 보통 김치국물을 넣어서 맛을 내는 경우가 많은데 그러면 맛이 자극적일 수 있으니 넣지 않는 것을 추천한다.

INGREDIENTS

김치 250g
콩나물 150g
무 100g
다진 마늘 1T
대파 1/4대
양파 30g
육수 700ml

1. 김치는 양념을 훑어 내고 1cm 두께로 자르고, 무는 채 썰고, 대파는 어슷 썰고, 양파는 채 썰어 준다.

2. 육수를 준비한다.

3. 육수에 썬 김치와 무를 넣어 5분 정도 푹 끓여 준다.

4. 콩나물과 양파, 대파, 마늘을 넣고 3분 정도 끓여 준 다음 간을 맞추고 불을 끈다.

들깨탕

집에 있는 재료로 쉽게 만들 수 있는 부드럽고 고소한 들깨탕이다. 감자, 버섯 말고 다른 재료들로 만들어도 좋다.

INGREDIENTS

감자1개(150g), 표고버섯 2개
두부 100g, 다진 마늘 1T
부추(또는 대파) 30g
육수 600ml
들깨가루 3T, 물 100ml
쌀가루(또는 찹쌀가루) 2T
들기름 1T(선택)

1. 감자는 3mm 두께로 자르고, 두부도 감자와 비슷한 크기로 사각모양으로 자르고, 표고버섯도 비슷한 크기로 자르고, 부추는 5cm 길이로 잘라 준다.

2. 육수를 준비하고 감자를 넣어서 끓여서 익힌다.

3. 감자가 익으면 표고버섯, 두부, 마늘을 넣고 끓여 준다.

4. 들깨가루와 쌀가루를 물에 푼 다음 3번에 나눠 넣어 농도를 맞춰 준다. 부추를 넣어 끓인 뒤 불을 끄고 들기름을 넣어 준다.

단호박수프

보통 수프를 만들 때는 유제품을 이용하는데 이 레시피는 두유로 만들었다. 두유로 만들어 영양이 풍부하며 소화도 잘되고 식욕도 촉진하므로 식전요리나 간식으로 먹으면 좋다. 또한 한 끼 식사로도 든든하다.

INGREDIENTS

단호박 400g
두유 500ml
호두 50g
물 200ml
소금 약간

1. 단호박은 잘 익도록 얇게 썰어 준다.

2. 두유를 두유기로 준비한다.(p.54 참고)

3. 두유, 단호박, 물을 넣어 호박이 익을 때까지 끓여 준다.

4. 호박이 거의 익으면 호두를 넣고 끓인 다음 블렌더를 이용해 갈아 준 후 소금으로 간을 맞춘다.

브로콜리감자수프

항암 효과가 뛰어난 채소로 알려진 브로콜리에 감자를 넣어서 수프를 만들면 소화도 잘되고 다양한 영양소를 제공할 수 있다. 간식이나 식사 대용으로 먹으면 좋다.

INGREDIENTS

브로콜리 1개
양파 50g
두유 500ml
감자 200g
물 200ml
소금 약간

1. 브로콜리는 작은 조각으로 자르고, 브로콜리 줄기와 감자는 얇게 썰고, 양파는 채 썰어 준다.

2. 두유를 두유기로 준비한다.(p.54 참고)

3. 냄비에 모든 재료를 넣고 감자가 익을 때까지 끓여 준다.

4. 채소가 다 익으면 블렌더를 이용해 갈아 준 후 소금으로 간을 맞춘다.

취나물무침

나물은 나물의 종류나 양념에 따라 맛이 달라져 다양한 반찬이 될 수 있다. 취나물은 만들기 어렵게 느껴지지만 잘 삶아서 된장소스로 무쳐 주면 맛깔스런 취나물무침을 간단하게 만들 수 있다.

INGREDIENTS

취나물 250g
통깨 1T
참기름 1T
된장소스(p.43) 1/2~1T

1. 취나물을 다듬어 준다.

2. 취나물의 줄기를 먼저 삶는데 줄기가 어느 정도 물러질 때까지 삶아 준다.

3. 취나물의 이파리도 함께 넣고 삶은 후 건져 찬물에 담갔다가 물기를 제거한다. *취나물을 건지기 전에 잘 물러졌는지 꼭 확인해야 한다.

4. 삶은 취나물에 된장소스, 참기름, 통깨를 넣고 무쳐 준다.

숙주미나리나물

녹두를 발아시킨 숙주나물은 녹두의 영양에 비타민 C와 섬유소가 더해지고 소화 흡수도 더 잘되는 이점이 있다. 숙주나물만 삶거나 쪄서 무쳐 먹어도 되지만 미나리나 부추 등 향미가 있는 다른 재료를 곁들여 무치면 또 다른 맛을 즐길 수 있다.

INGREDIENTS

미나리 100g, 숙주 200g

| 양념장 |

참기름 1T, 국간장(또는 어간장) 1/2T
간 깨 1T, 소금 약간(선택)
다진 마늘 1t(선택)

• 미나리가 없으면 숙주만 300g 사용한다.

1. 김 오른 찜기에 준비한 미나리와 숙주를 넣고 3분 정도 찐다. 이때 숙주를 밑에 깔고 미나리를 위에 올려 준다.

2. 찐 미나리와 숙주를 찬물에 넣었다가 건져 물기를 짜 준다.

3. 양념장을 준비한다.

4. 양념장을 넣고 미나리와 숙주를 무쳐 준다.

고등어무조림

등푸른 생선인 고등어는 비린 맛이 강한 편이다. 고추장에 과일을 넣어 만든 만능고추장소스로 고등어조림을 만들면 비린내도 잡고 손쉽게 만들 수 있다.

INGREDIENTS

고등어(냉동 손질) 300g
무 100g, 양파 80g
대파 1/2대, 다진 마늘 2T
육수 200ml

| 양념장 |

만능고추장소스(p.46) 2T
간장 2T, 청주 2T
꿀 1/2~1T(선택)

미리 준비하기
고등어는 씻어서 물기를 제거해 준다.

1. 무는 반을 잘라 1cm 정도의 두께로 자르고, 양파는 채 썰고, 대파는 어슷 썰어 준다.

2. 냄비에 육수와 무를 넣고 뚜껑을 덮어 5분 정도 익혀 준다.

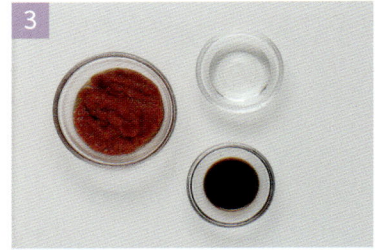

3. 양념장을 만든다.

4. 2번에 고등어, 양파, 대파, 다진 마늘과 양념장을 넣어 7~10분 끓여 준다.

TIP
- 꽈리고추를 추가로 4번에 넣어 줘도 좋다.

참나물무침

참나물을 삶지 않고 그대로 된장소스로 무쳐 참나물의 향긋한 향이 된장의 구수한 맛과 잘 어울린다.

INGREDIENTS

참나물 100g
양파 1/4개
된장소스(p.43) 1/2T
발효식초 1/2T
간 깨 약간
참기름 1T

1. 양파는 얇게 채 썰고, 참나물은 다듬어 4cm 길이로 잘라 준다.

2. 된장소스, 식초, 간 깨, 참기름을 넣어 준다.

3. 참나물을 양념에 무쳐 준다.

톳무침

보통 톳은 봄이 제철이지만 요즘은 건조한 톳이나 염장한 톳을 쉽게 구할 수 있다. 톳과 같은 해조류들은 두부소스와 잘 어울리므로 미역, 곰치, 꼬시래기 등 다른 해조류로 무쳐 먹어도 좋다.

INGREDIENTS

톳(소금 뺀 것) 100g
두부소스(p.42) 2T
들기름 1T(선택)
통깨 1T(선택)

1 염장된 톳을 깨끗이 씻어 건져 준다.

2 끓는 물에 톳을 넣어 1분간 데쳐 준다.

3 데친 톳에 두부소스와 들기름을 넣어 무쳐 준다.

4 기호에 따라 통깨를 갈아 넣어 준다.

도라지오이무침

쌉싸름한 맛이 일품인 도라지를 오이와 함께 만능고추장소스로 무치면 입맛 돋우는 반찬이 된다. 오이를 절여서 만들면 물이 생기지 않아 깔끔하고 양념 맛도 잘 배어 좋다.

INGREDIENTS

도라지 200g, 오이 2개
양파 30g, 만능고추장소스(p.46) 3T
식초 1½T, 꿀 2T
다진 대파 1T(선택)
소금(도라지용) 1T
소금(오이용) 1t

1. 도라지는 껍질을 제거하고 길이 5cm 정도로 얇게 썰고, 오이는 반으로 잘라 씨를 파 내고 얇게 어슷 썰고, 양파는 채 썰어 준다.

2. 도라지에 소금 1T을 넣고 조물조물 주물러 준 후 5분 정도 그대로 둔다.

3. 오이는 소금 1t를 넣어 5분 정도 절여 준다.

4. 도라지는 쓴맛을 없애기 위해 한 번 헹구고 물기를 짜 준다. 오이는 그대로 물기를 제거해 준 다음 양파, 대파, 만능고추장소스, 식초, 꿀을 넣어 무쳐 준다.

그린샐러드

잎채소는 주로 쌈으로 먹거나 샐러드로 먹는다. 이때 과카몰리를 곁들이면 채소에 부족한 단백질과 지방 등을 섭취할 수 있어 좋다.

INGREDIENTS

채소(양상추, 치커리, 로메인상추) 100g
삶은 달걀 2개
호두 20g, 과카몰리(p.49) 4T
발사믹드레싱(p.52) 2T

1. 양상추, 로메인상추, 치커리는 먹기 좋은 크기로 자르고, 호두와 달걀도 먹기 좋게 자른다.

2. 과카몰리를 준비한다.

3. 재료들을 모두 함께 보기 좋게 담아준다. *소스 없이 그냥 먹어도 좋고, 발사믹드레싱을 뿌려 먹어도 좋다.

두부면샐러드

두부면과 채소를 두부소스로 무쳐서 냉파스타처럼 차갑게 먹을 수 있다. 일반 샐러드를 만들 듯이 잎채소와 토마토 등을 준비하여 두부소스로 무쳐 주면 된다.

INGREDIENTS

두부면 100g, 로메인 5장
양상추 50g, 토마토 1/2개
오이 1/4개, 사과 1/2개, 양파 30g
빨간 파프리카 20g, 노란 파프리카 20g
두부소스(p.42) 1/2분량

1 채소들은 채 썰어 준다.

2 두부면은 충전수를 버리고 흐르는 물에 씻어 물기를 제거해 준다.

3 두부소스를 준비해서 두부면, 채소와 함께 무쳐 먹는다.

라이스페이퍼채소달걀말이

라이스페이퍼에 여러 가지 채소를 넣어 색다르고 영양 가득한 요리를 만들 수 있다. 달걀과 팽이버섯을 이용하면 채소에 부족한 단백질을 더할 수 있다. 깨소스(p.45)뿐만 아니라 두부소스(p.42), 와사비간장소스(p.44), 머스터드간장소스(p.44)와 곁들여도 좋다.

INGREDIENTS

라이스페이퍼 4장, 달걀 1개
팽이버섯 1/2개, 당근 20g
빨간 파프리카 20g
노란 파프리카 20g, 오이 20g
양상추 100g, 숙주 20g(선택)
• 집에 있는 어떤 채소나 이용할 수 있다.

1

채소들은 채 썰고, 양상추는 큰 조각으로 준비한다.

2

팬이 달궈지면 달걀을 깨서 넣고, 그 위에 팽이버섯을 올린 다음 바닥면이 익으면 뒤집어 준다.

3

라이스페이퍼를 찬물에 담갔다가 바닥에 깔고, 그 위에 양상추와 채 썬 채소, 숙주를 올려 준다.

4

익힌 달걀과 팽이버섯을 3번 위에 올리고 라이스페이퍼를 말아 준다.

채소스틱과 두부소스

다양한 채소를 스틱처럼 썰어 두부소스(p.42)와 곁들여 간식으로 먹으면 좋다. 포만감도 주고 채소의 다양한 비타민과 무기질과 함께 두부의 단백질까지 섭취할 수 있어 좋다.

고구마샐러드

섬유질과 항산화 물질이 풍부한 고구마는 주로 쪄서 먹는다. 찐 고구마를 으깨서 집에 있는 채소를 넣고 손쉽게 만들 수 있는 고구마샐러드이다.

INGREDIENTS

찐 고구마 3개(350g)
삶은 달걀 2개
양파 20g
오이 1/4개
호두 30g

| 드레싱 |

두부소스(p.42) 3T
꿀 1T(선택)

1. 찐 고구마와 삶은 달걀은 으깨 준다.

2. 오이는 씨를 제거하고 잘게 자르고, 양파도 작게 자르고, 호두는 다져 준다.

3. 드레싱을 준비한다.

4. 드레싱과 준비한 재료를 함께 섞어 준다.

사각김밥

김밥을 먹고 싶을 때 재료들을 준비하는 것이 부담된다면 집에 있는 재료들로 샌드위치처럼 접어서 만드는 사각김밥을 추천한다. 김만 있으면 속재료는 집에 있는 어떤 것으로든 만들 수 있다.

INGREDIENTS 2개 분량

김밥 김 2장, 현미밥 150g
토마토 슬라이스 2개
아보카도 1개, 당근라페(p.40) 60g
청상추 4장, 달걀 2개

| 밥양념 |

들기름 1/2T
소금 약간

미리 준비하기
현미밥에 양념을 넣고 섞어 준다.

1 토마토는 통으로 0.5cm 두께로 자르고, 아보카도는 슬라이스해 준다.

2 팬이 달궈지면 풀어 놓은 달걀은 넣어 스크램블 에그를 만들어 준다.

3 김밥 김은 4등분하고 아래쪽 중앙선 (1/2) 지점을 따라 잘라 준다. 4등분한 김 위에 아보카도, 스크램블 에그, 청상추와 당근라페, 토마토와 양념한 밥을 한 부분씩 올려 준다.

4 자른 김을 한 쪽씩 올리며 차례로 접어 준다.

가지샌드위치

빵을 사용하지 않고 가지를 달걀과 함께 익힌 다음 채소를 넣어 샌드위치처럼 만들 수 있다. 간편하고 영양도 부족함이 없고 맛도 좋다.

INGREDIENTS

가지 1개
달걀 3개
양배추 100g
토마토 1개
아보카도 1/2개

| 드레싱 |

발사믹 1T, 올리브오일 1T
소금 약간, 후추 약간

1

가지는 길이로 0.5cm 두께로 썰고, 양배추는 얇게 채 썰고, 토마토와 아보카도도 0.5cm 두께로 썰어 준다.

2

가지를 팬에 올려 익혀 준다.

3

익힌 가지에 풀어 둔 달걀을 부어 준다. 달걀이 어느 정도 익으면 뒤집어 준다.

4

양배추에 드레싱을 넣어 무쳐 준다. 가지와 함께 부쳐 놓은 달걀이 식으면 반으로 자르고 양배추샐러드와 토마토, 아보카도를 넣고 샌드위치처럼 접어 준다.

케일쌈밥

케일은 생으로 먹어도 좋지만 살짝 쪄서 먹으면 영양분을 잘 흡수할 수 있다. 현미밥 대신 두부밥을 이용하거나 다양한 쌈장이나 강된장을 곁들여 먹으면 좋다.

INGREDIENTS
케일 10장
두부밥(p.53)(또는 현미밥) 1공기(200g)

1. 두부밥(또는 현미밥)을 준비한다.

2. 김 오른 찜기에 케일을 넣고 3분 정도 찐 다음 찬물에 넣었다가 건져 준다.

3. 쪄서 식힌 케일에 두부밥(또는 현미밥)을 넣어 준다.

4. 줄기 쪽을 먼저 접고 양쪽을 접어 쌈을 싸 준다.

TIP
- 케일쌈에 조갯살강된장(p.47)을 얹어 먹으면 좋다.

양배추쌈밥

양배추는 암이나 염증을 예방하고, 면역 증진에도 좋고, 위에도 좋다. 채를 썰어 샐러드로 먹기도 하지만 살짝 쪄서 먹는 것이 소화도 잘되고 영양소도 잘 섭취할 수 있다. 다양한 쌈장이나 강된장과 곁들여 먹으면 좋다.

INGREDIENTS

양배추 5장
두부밥(p.53)(또는 현미밥) 1공기(200g)

1. 두부밥(또는 현미밥)을 준비한다.

2. 김 오른 찜기에 양배추를 넣고 5~7분 찐 다음 찬물에 넣었다가 건져 준다.

3. 쪄서 식힌 양배추에 두부밥(또는 현미밥)을 넣어 준다.

4. 줄기 쪽을 먼저 접고 양쪽을 접어 쌈을 싸 준다.

TIP

- 양배추쌈에 조갯살강된장(p.47)을 얹어 먹으면 좋다.

열무미역국수

맛있게 익은 열무김치가 있다면 간단하게 열무국수를 만들 수 있다. 만능고추장소스에 식초와 꿀을 넣어 비빔국수에 곁들이면 새콤달콤함이 입맛을 돋운다.

INGREDIENTS
미역국수 130g

고명
오이 50g, 열무얼갈이물김치 건더기 100g
대파 약간, 삶은 달걀 1/2~1개
만능고추장소스(p.46) 1T

국물
열무얼갈이물김치(p.37) 국물 50ml
육수 50ml, 식초 1T(선택)
꿀 1T, 소금 약간(선택)

1	2	3
		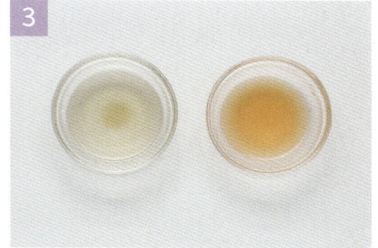
오이는 채 썰고, 대파는 쫑쫑 썰어 준다.	미역국수는 충전수를 버리고 깨끗이 씻어 물기를 제거해 둔다.	열무얼갈이물김치 국물과 육수를 1:1 비율로 섞고, 식초와 꿀을 넣어 국수 국물을 준비한다. 국수를 그릇에 담고 국물을 붓고 고명과 만능고추장소스를 올려 준다.

TIP
- 미역국수 대신 두부면 등을 사용해도 좋다.

파프리카오징어찜

해물찜이 먹고 싶을 때 오징어와 콩나물로 간단히 만들 수 있는 요리이다. 손질한 오징어나 자른 오징어 등을 사용해도 좋다.

INGREDIENTS
오징어 2마리, 콩나물 200g, 양파 1/2개
대파 1/2개, 미나리 50g, 청주 2T
전분물(전분 2T, 물 4T), 참기름 1T

파프리카소스
파프리카 1개, 고춧가루 1T, 간장 3T
액젓 1T, 다진 마늘 2T, 생강 1t, 참기름 1T

미리 준비하기
오징어는 입, 눈, 내장 등을 제거하고 밀가루로 문질러 깨끗이 씻은 다음 물기를 제거한다.

1. 미나리는 7cm 정도 길이로 자르고, 양파는 채 썰고, 대파는 5cm 길이로 잘라 준다.

2. 파프리카소스 재료들을 블렌더로 갈아 소스를 만든다.

3. 콩나물을 냄비에 깔고, 그 위에 오징어를 올려 준 다음 청주를 넣고 냄비 뚜껑을 덮어 콩나물이 익은 냄새가 날 때까지 5분 정도 익혀 준다.

4. 콩나물과 오징어가 다 익으면 불을 끄고 오징어를 먹기 좋은 크기로 잘라 준다. 다시 불에 올려 미나리, 대파, 양파, 파프리카소스를 넣고 끓으면 전분물을 1T 넣은 뒤 조금씩 더 넣으며 농도를 맞춰 준 다음 불을 끄고 참기름을 넣어 준다.

TIP
- 오징어는 너무 오래 조리하면 질겨지므로 주의한다.
- 단맛이 필요하면 꿀 1T을 추가로 넣는다.

순두부에그인헬

토마토소스에 달걀을 넣어 만들 수 있는 간편 요리이다. 여기에 순두부까지 넣어 주어 한 끼 식사로 충분하다.

INGREDIENTS

토마토소스(p.48) 400ml
순두부 200g
달걀 2개
소금 약간
대파 약간
올리브오일 약간

1

토마토소스 재료를 준비한다.

2

토마토소스를 냄비에 넣고 끓여 준다.

3

토마토소스가 끓으면 순두부와 달걀을 넣고 소금으로 간을 맞춘 다음 뚜껑을 덮어 5분 끓여 준다. 달걀이 다 익으면 그릇에 담아 올리브오일을 뿌리고 쫑쫑 썬 대파를 올려 준다.

TIP

- 바질이나 파슬리 같은 허브를 넣어 주면 향미를 더할 수 있다.

감자오믈렛

감자와 달걀만 있으면 간단하게 만들 수 있는 오믈렛이다. 만들기도 쉽고 맛도 있어 아침 메뉴 또는 간식이나 반찬으로 이용할 수 있다.

INGREDIENTS

감자 2개
달걀 3개
양파 1/4개
대파 1/4대
소금 약간

1 감자는 얇게 사각모양으로 자르고, 양파와 대파는 잘게 썰어 준다.

2 감자는 소금(물의 1%)을 넣은 물에 넣어 감자가 익을 때까지 3분 정도 삶아 준다.

3 풀어 놓은 달걀에 양파와 대파를 넣고 소금을 넣어 준다. 삶은 감자는 뜨거운 채로 건져 물기를 없애고 3분 정도 식힌 뒤 풀어 놓은 달걀에 넣어 준다.

4 기름을 두르지 않은 팬에 감자달걀 물을 넣고 달걀이 익고 색이 나면 뒤집어서 익혀 준다.

황태현미떡국

평소에 자주 끓여 먹는 황태국으로 떡국을 끓이면 담백하고 영양 가득한 일품요리가 된다. 떡을 넣지 않고 국으로 먹어도 좋다.

INGREDIENTS

황태 20g
두부 70g
현미떡 80g
표고버섯 1개
달걀 1개
다진 마늘 1/2T
대파 약간
육수 500ml
들기름 1/2T
국간장 1T

1. 황태는 1cm 길이로 자르고, 현미떡은 어슷 썰고, 두부는 사방 1cm 크기로 잘라 준다. 표고버섯은 얇게 슬라이스하고, 대파는 어슷 썰어 준다.

2. 황태는 냄비에서 기름 없이 살짝 볶아 비린내를 날려 준다.

3. 황태를 넣은 냄비에 육수를 넣어 끓으면 현미떡을 넣고 다시 끓여 준다.

4. 떡이 부드러워지면 표고버섯과 두부, 대파, 마늘을 넣고 끓여 준다. 풀어 놓은 달걀을 넣고 다시 한 번 끓인 후 국간장으로 간을 맞추고 불을 끈 다음 들기름을 넣어 준다.

5장

표준치료 완료 후 식단

김훈하 약사의 항암 식단 가이드

| 재발, 전이를 막기 위한 음식 습관을 확립한다 |

체력적으로 힘든 6~8개월의 항암과 수술이 끝나면 모든 과정을 다 해냈다는 안도감과 함께 피로감이 몰려듭니다. 몸에 암세포가 하나도 없다는 결과를 받았지만 몸의 상태는 이전과 완전히 다릅니다. 손발톱은 까맣고 움푹 패여 있고, 손발 저림과 관절 통증도 여전히 있습니다. 혈액검사에서 낮아진 백혈구, 적혈구, 헤모글로빈 수치는 항암이 끝난 지 6개월이 되었지만 아직 회복 기미가 없습니다.

꼭 기억해야 할 것이 있습니다. 표준 치료가 끝났다고 모든 과정이 끝난 것이 아니라는 것입니다. 건강한 신체를 갖기 위한 변화는 이제부터 시작입니다. 암세포가 씨앗처럼 몸에 뿌려졌기 때문에 아직 남아 있는 싹이 나지 않은 암세포가 자라지 않도록 해야 합니다.

이 책에서 안내하는 요리법과 식이 원칙을 몇 개월만 지켜서는 안 됩니다. 암은 고혈압, 당뇨처럼 평생 관리해야 하는 병으로 인식해야 합니다. 지금부터는 암의 재발, 전이를 막아야 한다는 정확한 인식이 필요합니다. 1, 2기 환자들이 치료가 끝났다고 이전의 식단으로 돌아가면서 재발, 전이를 경험합니다. 이런 환자를 너무나 많이 보았기 때문에 이 책을 집필하게 되었습니다.

계속 스스로 관리해야 한다는 인식을 키우는 것만이 재발, 전이를 막을 수 있습니다. 항암 치료 경험은 단 한 번으로 끝내는 것이 최상입니다. 저는 2018년에 유방암을 경험했는데 지금도 방심하지 않으려고 애쓰고 있습니다. 예전에 즐겨 먹었던 빵류, 피자류, 밀가루 음식은 가끔 먹기도 하지만 곧 후회합니다. 얼굴에 붉은 반점이 올라오고, 바로 대변 상태가 달라지기 때문입니다. 여러분도 이런 음식을 끊었다가 다시 먹으면 몸에서 반응을 보일 것입니다. 어렵게 새로운 식이 습관을 세웠으니 끝까지 유지하기를 당부드립니다.

이제는 식이요법을 잘했는지 점검해 보아야 합니다. 내 몸이 산성에서 약알칼리성으로 돌아왔는지, 염도는 정상인지, NK세포 활성도는 얼마인지, 혈액검사도 전면적으로 해 보세요. 정상 pH 7.4, 정상 염도 0.9, NK세포 활성도 500 이상, 기타 혈액검사가 정상 수치 범위에 있는지 검사해 보세요. 아직 정상 범위에 있지 않다고 실망할 필요는 없습니다. 정상으로 오는 데는 시간이 걸립니다. 항암의 독성이 몸 안에서 빠져나가는 데도 수개월이 걸립니다.

여러분의 인내와 실행력을 키우는 데 이 책이 도움이 되기 바랍니다. 우리의 몸은 아주 정직합니다. 이 책에서 제시한 대로 열심히 실행한다면 이전과 달라진 몸의 상태를 발견할 겁니다. 다시 한 번 강조합니다.

"끝까지 유지하라. 끝까지 관리하라."

| 낮아진 혈액 수치를 회복하기 위한 음식 |

- **별미밥** : 자숙꼬막비빔밥, 해물잡탕, 굴무밥
- **국, 찌개** : 낙지연포탕, 청국장찌개, 배추비지찌개, 동태찌개, 바지락순두부찌개, 미네스트로네
- **나물** : 시래기나물, 청경채나물
- **찜, 조림** : 코다리찜, 가지조림
- **무침** : 미역초무침
- **샐러드** : 새우냉채, 버섯샐러드
- **특별식** : 오트밀또띠아롤, 오징어궁중떡볶이, 두부냉채, 과카몰리를 곁들인 타코, 찹쌀새우볼, 버섯김밥, 미역줄기두부잡채, 문어카르파초, 토마토두부면파스타, 배추순대, 연잎밥, 주꾸미샤브샤브
- **후식** : 단호박케이크, 오트밀당근케이크

자숙꼬막비빔밥

꼬막을 손질하는 것이 부담되어 집에서는 엄두도 못낸 꼬막비빔밥을 자숙꼬막으로 간단히 만들 수 있다. 채소는 집에 있는 것들을 사용하면 된다.

INGREDIENTS

당근 50g, 부추(또는 쪽파) 50g
오이고추 2개, 깻잎 4장(선택)
미나리 50g(선택), 현미밥 2공기(400g)
자숙꼬막(냉동) 150g
양념간장소스(p.45) 2~3T, 들기름 1T

꼬막 비린내 제거
청주 1T, 식초 1T, 물 250ml

1 냉장고에서 해동한 자숙꼬막을 청주 1T, 식초 1T을 넣은 250ml 물에 넣어 1분 정도 담갔다가 건져 둔다.

2 채소는 모두 쫑쫑 썰어 준다. *집에 있는 채소로 준비하고, 채소가 없으면 꼬막만 비벼 먹어도 좋다.

3 양념간장소스를 준비한다.

4 꼬막에 양념간장소스를 넣고 무쳐 주고, 현미밥 위에 채소를 올리고 양념간장소스에 무쳐 둔 꼬막을 올려 준다. 취향에 따라 참기름이나 들기름을 첨가해 비벼 준다.

해물잡탕

냉동실에 있는 해물과 집에 있는 채소 등을 사용해서 간편하게 만들 수 있다. 밥에 곁들여 덮밥으로 먹으면 근사하다.

INGREDIENTS

해물모둠(냉동) 300g, 양배추 100g
양파 50g, 새송이버섯 1개
마른 목이버섯 6개(약 3g, 선택)
애호박 30g, 당근 30g, 물 2T, 육수 150ml
참기름 2T, 전분물(전분 2T, 물 4T)

| 양념 |

간장 2T, 청주 2T
다진 마늘 1T, 다진 대파 1T

미리 준비하기
마른 목이버섯은 물에 미리 불려 놓는다.

1. 양배추는 사방 3cm 정도로 자르고, 다른 채소들은 가로 1.5cm, 세로 4cm로 조금 작게 잘라 준다.

2. 해물모둠은 해동한 다음 깨끗이 씻어 물기를 제거해 준다.

3. 채소를 팬에 넣고 볶으면서 물을 1T씩 두 번 정도 넣어 주며 채소를 어느 정도 익혀 준다.

4. 채소가 어느 정도 익으면 양념과 해물, 육수를 넣고 끓여서 해물을 익혀 주고 해물이 다 익으면 전분물을 1T씩 넣으며 원하는 농도를 맞춘다. 불을 끄고 참기름 2T을 넣어 준다.

굴무밥

현미밥은 밥하기가 까다로운 편이지만 전기밥솥을 이용하면 해물이나 미역, 버섯, 채소, 콩나물 등 여러 가지 재료를 이용해 맛있는 별미현미밥을 간편하게 만들 수 있다.

INGREDIENTS

현미 2C, 굴 250g, 무 200g
자른 미역 5g, 청주 1T
들기름 1T, 간 깨 1T

미리 준비하기

- 현미를 깨끗이 씻어 전기밥솥 현미밥 코스에 알맞은 물의 높이를 맞춘 후 상온에서 5시간 정도(냉장고에서 8시간 이상) 불린다.
- 굴은 소금이나 밀가루를 이용해서 깨끗하게 씻어 준비한다.

1. 무는 굵게 채 썰어 준다.

2. 굴은 깨끗이 씻어 물기를 제거해 주고, 자른 미역과 청주도 준비한다.

3. 전기밥솥에 불려 놓은 현미 위에 무와 미역을 올린다. 무를 넣으면 밥이 질어지므로 밥물을 50ml 정도 덜어내고 현미밥 코스로 밥을 짓는다.

4. 현미밥이 완성되면 밥에 굴과 청주를 넣고 재가열 코스(7~9분)를 눌러 준다. 밥이 완성되면 들기름과 간 깨를 넣어 먹는다. 양념간장소스(p.45)를 조금 곁들여 먹어도 좋다.

낙지연포탕

재첩국이나 멸치육수를 이용하면 깊은 맛의 낙지연포탕을 쉽게 끓일 수 있다.

INGREDIENTS

낙지 2마리, 무 100g
양배추(또는 배추) 70g
미나리 50g, 양파 30g
대파 1/4대, 다진 마늘 2T
재첩국(냉동) 500ml
물 200ml, 청주 1T
소금 약간

1 무는 나박 썰고, 양배추는 사방 3~4cm 정도로 자르고, 미나리는 5cm 길이로 자르고, 양파는 채 썰고, 대파는 어슷 썰어 준다.

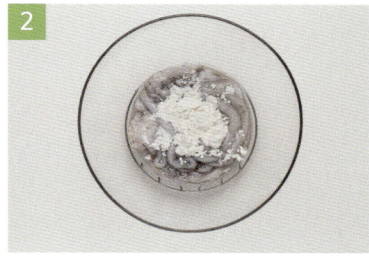

2 낙지는 머리 쪽을 뒤집어 내장, 눈과 입을 제거하고 밀가루로 잘 문지른 다음 소금으로 한 번 더 문지르고 씻어 준다.

3 녹인 재첩국에 물 200ml를 추가해 육수로 사용한다. 육수에 무를 넣고 끓인 다음 무가 익으면 양파, 양배추, 다진 마늘을 넣어 준다.

4 무, 양배추, 양파가 익으면 청주 1T과 낙지, 미나리, 대파를 넣고 끓여 준다. 소금으로 간을 맞추고 불을 꺼 준다. *낙지는 먹을 때 먹기 좋은 크기로 자른다.

TIP

- 낙지는 살짝 익혀야 질기지 않고 맛있다.

청국장찌개

청국장은 면역력 강화, 항암 등 효능이 뛰어나 많은 사랑을 받고 있는 식품이지만 잘못 조리하면 그 효능을 잃을 수 있다. 청국장은 마지막 단계에 넣어 주어야 청국장의 영양과 효능을 잘 살릴 수 있다.

INGREDIENTS

청국장 1/3덩어리(100g)
김치 120g, 표고버섯 1개
두부 1/2모(200g), 무 100g
애호박 50g, 양파 30g
대파 1/4대, 풋고추 1개(선택)
다진 마늘 1T, 육수 600ml

1. 김치는 2cm 정도 길이로 자르고, 무, 애호박, 표고버섯, 두부는 사방 2cm 크기로 자른다. 양파는 채 썰고, 대파는 어슷 썬다. 취향에 따라 풋고추도 어슷 썰어 준다.

2. 냄비에 육수를 준비하고 김치와 무를 넣어 3~5분 정도 끓여 준다.

3. 무가 익으면 양파, 애호박, 버섯, 다진 마늘을 넣어 다시 2분 정도 끓여 준다.

4. 손으로 잘게 부순 청국장과 대파, 풋고추, 두부를 함께 넣어서 2~3분 정도 끓여 준다.

배추비지찌개

비지찌개는 김치를 넣어도 맛있고, 김치 없이 맑게 끓여도 구수한 콩맛을 즐길 수 있어 좋다.

INGREDIENTS

콩 1C, 물 300ml, 배추(알배추) 250g
느타리버섯 100g, 대파 1/4대
다진 마늘 2T, 육수 600ml

미리 준비하기

콩 1C을 깨끗이 씻어 콩이 잠길 정도로 물을 붓고 냉장고에 하루 동안 넣어 충분히 불려 준 다음 콩과 불린 물을 분리한다. 콩과 불린 물 300ml를 넣고 블렌더로 곱게 갈아 준다. 불린 물이 부족하면 새 물을 추가해 300ml를 맞춘다.

배추는 3cm 정도 길이로 자르고, 두꺼운 느타리버섯은 먹기 좋게 찢고, 대파는 어슷 썰어 준다.

불린 콩은 갈아 준다.

육수가 끓으면 배추를 넣어 익혀 준다.

배추가 익으면 갈아 둔 콩과 버섯을 넣고 끓기 시작하면 중약불로 낮춰 5~7분 정도 끓인 다음 대파, 다진 마늘을 넣고 조금 더 끓여 준다. *불이 강하면 끓을 때 비지가 튀어오를 수 있으니 지켜보면서 끓여 준다.

동태찌개

만능고추장소스를 이용하면 맛있는 동태찌개를 손쉽게 끓일 수 있다.

INGREDIENTS

동태 1마리(400g), 무 150g
호박 100g, 쑥갓 50g(선택)
두부 100g, 팽이버섯 1개
양파 50g, 대파 1/4대
다진 마늘 2T, 육수 600ml

| 양념장 |

만능고추장소스(p.46) 3T
청주 1T, 국간장 1T
다진 생강 1t

1
동태는 깨끗이 씻고 자른 뒤 물기를 제거한다. 무는 0.3cm 두께로 사방 3cm 크기로 썰고, 두부는 1cm 두께로 사방 3cm 크기로 자른다. 호박은 반으로 자른 후 0.3cm 두께로 자르고, 쑥갓은 7cm로 자른다. 팽이버섯은 밑동을 자르고 가볍게 씻고, 양파는 채 썰고, 대파는 어슷 썰어 준다.

2
육수에 무와 호박을 넣고 먼저 끓여 준다.

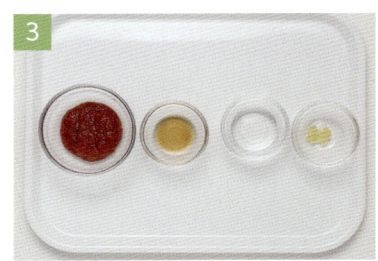

3
양념장을 만든다.

4
무와 호박이 익으면 동태와 양파, 대파, 다진 마늘, 양념장을 넣고 5~7분 끓여 준다. 동태가 다 익으면 두부를 넣고 끓어오르면 팽이버섯, 쑥갓을 넣고 조금 끓인 다음 불을 끈다. *쑥갓 대신 미나리를 사용해도 된다.

바지락순두부찌개

일반적으로 순두부찌개는 고추기름을 사용하고 채소도 볶아서 만들지만 이 레시피는 옛날 순두부처럼 담백한 두부 맛을 살린 순두부찌개이다. 간은 양념간장소스를 이용하였다.

INGREDIENTS

바지락 1봉(200g)
순두부 1봉(400g)
청주 50ml
육수 200ml, 호박 50g
표고버섯 1개, 양파 50g
대파 1/4대, 다진 마늘 1T
양념간장소스(p.45) 1T
소금 약간

1. 호박, 표고버섯, 양파는 사방 0.5cm 크기로 자르고, 대파는 쫑쫑 썰어 준다.

2. 바지락에 육수와 청주를 넣고 바지락이 입을 벌릴 때까지 끓여 준다.

3. 바지락은 꺼내 놓고, 냄비 바닥에 남은 모래와 불순물을 제거한 육수에 순두부와 준비한 채소를 넣고 끓여 준다.

4. 바지락과 양념간장소스, 다진 마늘을 넣고 끓인 다음 간을 맞춘다.

미네스트로네

미네스트로네는 이탈리안 전통 수프로 토마토와 갖가지 채소, 파스타, 콩 등을 넣어 끓인 것이다. 토마토소스만 있으면 집에 있는 채소로 색다른 별미를 만들 수 있다.

INGREDIENTS

토마토소스(p.48) 500ml
당근 50g, 양파 50g
감자 70g, 양배추 50g
셀러리 50g(선택)
삶은 흰콩 70g(선택)
채소육수 400ml
월계수잎 1개, 후추 약간
소금 약간

1 콩을 제외한 모든 채소를 사방 0.5cm 크기로 잘라 준다.

2 토마토소스는 두유기를 이용해 준비하거나 끓여서 만든다.

3 준비한 모든 재료와 토마토소스를 냄비에 넣고 함께 끓여 준다. 센불로 끓이다가 끓어오르면 중약불로 낮춰 10분 정도 더 끓여 준다. 간을 맞춘 다음 월계수잎을 뺀다.

TIP

- 바질, 오레가노, 파슬리 같은 허브를 사용하면 이국적인 맛을 낼 수 있다.
- 마른 허브를 사용할 때는 조리 시작할 때 1꼬집 정도 넣어 주고, 생허브를 사용할 때는 조리를 끝내기 직전이나 불을 끈 다음 넣어 준다.
- 콩은 없으면 안 넣어도 된다. 콩은 준비하는 데 시간이 많이 걸리므로 평소 미리 불린 뒤 삶아서 냉동실에 넣어 두면 편리하다.

시래기나물

시래기는 손질이 까다로운 식품이지만 요즘은 삶아 놓은 시래기를 쉽게 구할 수 있어 집에서도 간편하게 조리할 수 있다.

INGREDIENTS
삶은 시래기 150g
육수 200ml
된장소스(p.43) 1/2T
들깨가루 2T
들기름 1T
소금 약간

1
시래기를 끓는 물에 1~2분 정도 데쳐 준다.

2
데친 시래기는 물기를 꼭 짠 다음 1~2cm 길이로 잘게 썰어 준다.

3
냄비에 시래기와 된장소스를 넣고 무친 다음 육수를 넣고 끓여 준다.

4
국물이 졸아져서 물기가 약간만 남으면 불을 끈다. 들깨가루와 들기름을 넣고 무쳐 주고, 소금으로 간을 맞춘다.

청경채나물

청경채는 비타민, 칼슘, 엽산 등이 풍부하고 식감이 아삭하고 담백하여 나물 반찬으로 먹기 좋다. 청경채만 볶아도 맛있고, 표고버섯이 없다면 다른 버섯으로 대체해도 된다.

INGREDIENTS

청경채 300g
표고버섯 3개(50g)
양파 30g
물 2T
참기름 2T

| 양념장 |

간장 2T, 물 2T
다진 대파 1T, 다진 마늘 1T

1

청경채는 겉잎은 하나씩 뜯고 속의 작은 잎 뭉치는 4조각으로 자른다. 버섯은 슬라이스하고, 양파는 채 썰어 준다.

2

청경채는 끓는 물에 2분 정도 데쳐 준다.

3

팬에 버섯과 양파 썬 것을 올리고 중간에 물을 1T씩 2번 정도 넣으며 볶아 준다.

4

양념장을 준비한다. 버섯이 어느 정도 익으면 삶은 청경채를 넣고 양념을 넣은 다음 잘 볶아 준다. 불을 끈 후 참기름을 넣어 준다.

코다리찜

만능고추장소스를 이용하여 매콤한 맛을 더한 코다리찜이다. 매운맛을 싫어하면 고추장을 빼고 간장만 이용해 조리면 된다.

INGREDIENTS

코다리 2마리
무 100g
감자 100g
양파 50g
대파 1대
육수 250ml

| 양념장 |

간장 4T, 만능고추장소스(p.46) 2T
다진 마늘 2T, 청주 2T, 꿀 1~2T

1. 코다리는 씻어서 먹기 좋게 3~4조각으로 잘라 준다.

2. 무와 감자는 1.5cm 정도 두께로 자르고, 양파는 채 썰고, 대파는 어슷 썰어 준다.

3. 냄비에 육수, 무, 감자를 넣어서 익을 때까지 5분 정도 끓인다.

4. 3번 냄비에 코다리와 양파, 대파, 양념장을 넣고 10분 정도 조려 준다.

가지조림

가지를 조리할 때 기름을 넣지 않고 마른 팬에 굽듯이 볶아 주면 조림 후에도 가지가 물러지지 않고 쫄깃하고 맛있다.

INGREDIENTS

가지 1개(200g)
양파 50g
다진 마늘 1T
대파 1/4대

| 양념장 |

간장 2T, 물(또는 육수) 3T
꿀 1/2~1T, 참기름 1T

1. 가지는 5cm 정도 길이로 자르고 다시 세로로 4~5등분해 준다. 양파는 채 썰고, 대파는 쫑쫑 썰어 준다.

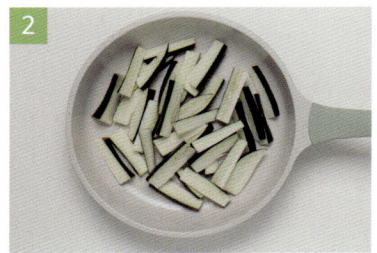

2. 팬이 뜨거워지면 가지를 올려 중불에서 타지 않도록 3분 정도 물기를 날려 준다.

3. 가지에 양파도 함께 넣어 1분 정도 볶아 준다.

4. 3번에 준비한 양념장과 대파, 다진 마늘을 넣어 조린다.

미역초무침

자른 미역은 세척되어 있고 부드러워서 불려서 그냥 사용하거나 살짝 데쳐서 사용한다. 밥할 때 그대로 넣거나, 냉국 같은 요리를 빠르게 만들 수 있다.

INGREDIENTS

자른 미역 20g
오이 1/2개, 양파 30g
다진 마늘 1T

| 양념장 |

만능고추장소스(p.46) 1T
간장 1T, 식초 1½T
꿀 1T(선택), 소금 약간

1 미역은 15분 정도 불린 후 체에 밭쳐 물을 빼 둔다. *부드러운 식감을 원하면 끓는 물에 5초 정도 데쳐서 사용한다. 데칠 때 청주를 1T 넣어 주면 비릿한 맛을 없앨 수 있다.

2 오이는 씨를 제거한 뒤 어슷 썰고, 양파는 얇게 채 썰어 준다.

3 양념장을 만든다.

4 물기 뺀 미역과 양파, 오이, 다진 마늘, 양념장을 넣고 함께 무쳐 준다.

새우냉채

채소를 한꺼번에 많이 먹는 것은 쉽지 않다. 여러 가지 채소를 새우나 해산물과 함께 다양한 소스를 이용해 무쳐 먹으면 채소를 쉽게 많이 섭취할 수 있다.

INGREDIENTS

새우 100g, 빨간 파프리카 30g
노란 파프리카 30g, 당근 30g
오이 30g, 새싹 30g, 사과 20g, 양파 30g

새우 데칠 때

마늘 1개, 양파 10g, 대파 약간
청주 1T, 물 100ml

| 드레싱 |

머스터드간장소스(p.44) 3T, 참기름 1T
• 드레싱은 취향에 따라 조절한다. 새우와 마늘이 잘 어울리므로 다진 마늘을 추가해도 좋다.

1. 채소는 모두 채 썰어 준다.

2. 새우는 마늘, 양파, 대파, 청주를 넣은 물에 데쳐 준다.

3. 드레싱을 준비한다. 준비한 채소와 새우에 드레싱을 넣고 무쳐 준다.

버섯샐러드

버섯을 익혀서 만드는 샐러드로 발사믹드레싱과 잘 어울린다. 익힌 버섯을 따뜻하게 그대로 먹어도 좋고 차갑게 식혀 먹어도 좋다. 잎채소를 곁들여 먹어도 좋다.

INGREDIENTS

버섯(양송이버섯, 표고버섯, 새송이버섯, 느타리버섯, 팽이버섯) 250g
양파 50g, 마늘 3개
잎채소(상추, 양상추 등) 적당량
물 2T, 소금 약간

| 드레싱 |

발사믹드레싱(p.52) 3~4T

1 양송이버섯, 표고버섯은 얇게 썰고, 새송이버섯은 얇게 채 썬다. 느타리버섯은 잘게 찢고, 팽이버섯은 밑동을 제거해 준다. 양파는 채 썰고, 마늘은 편으로 썰어 준다.

2 팬에 팽이버섯을 제외한 버섯을 넣고 물을 1T씩 2번 정도 넣으며 볶아 주고, 마지막에 팽이버섯을 넣고 볶아 준다.

3 볶은 버섯에 소금을 약간 넣어 간을 맞춘다.

4 발사믹드레싱을 준비한다. 가장자리에 준비한 푸른 채소를 깔고 가운데에 익힌 버섯을 넣고 드레싱을 뿌려 먹는다.

오트밀또띠아롤

오트밀또띠아

INGREDIENTS 2~3개 분량

오트밀 1C, 물 200ml, 달걀 1개, 소금 1/2t

1. 오트밀을 블렌더에 넣고 먼저 갈아 준다.
2. 간 오트밀가루에 물과 달걀, 소금을 넣어 블렌더로 한 번 더 갈아 준다.
3. 오트밀또띠아반죽을 꺼내서 10분 정도 둔다. 반죽이 어느 정도 농도가 생기면 팬에 넣어 둥글게 부쳐 준다.
4. 한쪽 면이 익으면 뒤집어 준다.

오트밀또띠아롤

INGREDIENTS 2~3개 분량

속재료

청상추(또는 로메인) 4장, 토마토 1/2개, 아보카도 1/2개, 오이 40g, 빨간 파프리카 40g, 노란 파프리카 40g, 달걀 2~3개

스프레드

두부소스(p.42) 2~3T

1. 청상추는 씻어서 물기를 제거해 준다. 토마토, 오이, 아보카도는 슬라이스해 준다. 파프리카는 채 썰고, 두부소스도 준비한다.
2. 달걀을 1개 풀어 팬에 부어 달걀이 어느 정도 익으면 만들어 둔 또띠아를 올려 뒤집어 가며 익혀 준다.
3. 달걀또띠아에 두부소스를 발라 준다.
4. 두부소스를 바른 또띠아 위에 상추, 파프리카, 아보카도, 토마토, 오이를 올리고 또띠아를 말아 준다.

오징어궁중떡볶이

떡볶이가 먹고 싶을 때 오징어를 넣어 떡볶이를 만드는 것을 추천한다. 자극 적이지 않고 영양이 풍부한 건강떡복이이다.

INGREDIENTS

현미떡 150g, 호박 50g, 당근 50g
양파 50g, 양배추 100g, 표고버섯 2개
대파 1/4대, 오징어 1마리

| 양념장 |

간장 3T, 다진 마늘 1T, 참기름 2T
꿀 1~2T, 청주 2T, 육수 150ml

미리 준비하기

오징어는 입, 눈, 내장 등을 제거하고 밀가루로 문질러 깨끗이 씻은 다음 물기를 제거한다.

1. 떡과 호박, 당근, 양파, 대파는 길이 5cm 정도의 막대 모양으로 썰고, 양배추도 비슷한 크기로 썰어 준다. 표고버섯은 얇게 편으로 썰고, 오징어는 6~7cm 정도의 길이로 썰어 준다.

2. 오징어와 대파를 뺀 모든 재료에 양념장을 넣고 떡이 부드러워질 때까지 끓여 준다.

3. 떡이 부드러워지면 오징어와 대파를 넣고 끓여 준다.

4. 오징어가 익으면 불을 끈다. *오징어는 너무 오래 끓이면 질겨지니 주의한다.

두부냉채

두부를 이용해 만들 수 있는 멋스럽고 맛있는 요리이다. 색다른 두부 요리를 즐길 수 있다.

INGREDIENTS

두부 1모, 자른 미역 2g
양파 30g, 표고버섯 3개
빨간 파프리카(또는 빨간 고추) 약간(장식용)
소금 약간

| 양념장 |

간장 3T, 물(또는 육수) 2T
식초 1½T, 참기름 1T
간 생강 1t, 통깨 1T

미리 준비하기
미역은 찬물에 20분 정도 불린다.

1
두부는 끓는 물에 넣어서 2분 정도 데쳐 준다.

2
불린 미역, 양파, 파프리카를 잘게 썰어 준다.

3
표고버섯은 잘게 썬 다음 팬에 올려 볶아 주고 소금을 약간 넣은 다음 식혀 준다.

4
양념장에 잘게 썬 양파와 미역, 볶은 표고버섯을 넣고 섞어 준다. 한 입에 먹기 좋게 잘라 놓은 두부 위에 얹어 준다. 두부냉채 위에 빨간 피망이나 고추로 장식해 주면 좋다.

과카몰리를 곁들인 타코

타코가 먹고 싶을 때 아보카도를 준비해 집에 있는 재료로 간편하게 만들 수 있다.

INGREDIENTS 2개 분량

현미라이스페이퍼 2장
달걀 2개
빨간 파프리카 15g
노란 파프리카 15g
오이 30g
당근라페(p.40) 30g
과카몰리(p.49) 4T

1. 파프리카와 오이는 7cm 정도의 길이로 채 썰고, 당근라페도 준비한다.

2. 뜨거워진 팬에 라이스페이퍼를 놓는다.

3. 풀어 준 달걀을 라이스페이퍼 위에 부은 다음 숟가락 뒷면을 이용해 넓게 펴 준다.

4. 라이스페이퍼 위의 달걀이 어느 정도 익으면 뒤집어서 달걀을 마저 익혀 주고 다시 뒤집어 준다. 불을 끄고 달걀 위에 채소를 올리고 그 위에 과카몰리를 넣어 반으로 접어 준다.

찹쌀새우볼

달콤하고 고소한 새우살에 채소를 곁들여 만든 새우볼은 맛도 부드럽고 영양도 가득하다. 찹쌀옷을 입혀 든든한 한 끼 식사로도 손색이 없다.

INGREDIENTS

찹쌀 1C, 새우살(냉동) 200g
당근 30g, 양파 30g

| 양념 |

달걀노른자 1개, 전분 1T, 다진 마늘 1T
다진 대파 3~4T, 소금 약간
후추 약간(선택), 참기름 1/2T(선택)

미리 준비하기

찹쌀 1C을 1시간 이상 불린 다음 물기를 제거해 준다. 전날 물에 담근 찹쌀을 냉장고에 넣어 두었다가 다음날 물을 빼서 사용하면 편리하다.

1

해동한 새우살은 물기를 제거하고 채소와 함께 커터기에 간다.

2

양념을 만든다.

3

간 새우, 채소와 양념을 섞은 다음 동그랗게 볼처럼 빚어 새우볼을 만들어 준다. 새우볼을 불린 찹쌀 위에 굴려 새우볼 표면에 찹쌀을 묻혀 준다.

4

김 오른 찜기에 새우볼을 넣고 10분 정도 쪄 준다.

버섯김밥

버섯볶음과 황태보푸라기를 넣어서 만든 김밥이다. 이 레시피를 응용해서 주먹밥을 만들어도 좋다. 집에 있는 재료로 다양하게 넣어서 만들 수 있다.

INGREDIENTS 2개 분량

김밥 김 2장, 현미밥 1공기(200g)
표고버섯 4개(100g)
양파 50g, 소금 약간
황태보푸라기(p.55) 20g
참기름 1T

| 속재료 |
당근라페(p.40) 60g, 달걀 2개, 오이 1/2개

미리 준비하기
오이는 세로로 잘라 준비한다.

1

버섯은 기둥을 잘라 내고 양파와 함께 커터기에 간 다음 팬에 기름 없이 볶아 주고 소금을 약간 넣어 준다.

2

현미밥에 버섯양파볶음, 황태보푸라기를 넣어 섞은 다음 참기름을 넣어 준다.

3

달걀은 풀어서 스크램블 에그를 만들어 준다.

4

김밥발 위에 김을 놓고 2번의 밥을 편 다음 오이, 달걀, 당근라페를 올리고 말아 준다.

미역줄기두부잡채

미역줄기를 두부면과 함께 볶아 만든 잡채이다. 요령만 알면 생각보다 간편하게 미역줄기볶음을 만들 수 있다.

INGREDIENTS

염장미역 350~400g, 두부면 100g
당근 100g, 양파 1/2개(100g)
팽이버섯 1개, 마른 목이버섯 6장(선택)

| 양념 |

간장 3T, 물 2T, 청주 1T, 다진 마늘 1T
참기름 1T, 간 깨 1T, 후추 약간

미리 준비하기

- 염장된 미역줄기를 3번 정도 씻어서 물기를 빼 둔다. 끓는 물에 미역줄기를 1~2분 정도 데친 다음 찬물에 담가 식혀 둔 후 물기를 빼서 7cm 정도 길이로 잘라 준다.
- 마른 목이버섯은 물에 미리 불려 놓는다.

채소들은 잡채를 준비할 때와 같이 당근은 얇게 채 썰고, 양파도 채 썬다. 팽이버섯은 밑동을 제거하고 흐르는 물에 가볍게 씻어 물기를 제거한다. 목이버섯은 적당한 크기로 잘라 준다.

양념을 만든다.

팬에 미역줄기, 당근과 양파를 넣고 2~3분 정도 볶아 준 다음 양념의 반을 넣고 1분간 더 볶아 준다.

팬에 두부면과 팽이버섯, 목이버섯을 넣고 나머지 양념을 넣은 후 1분 정도 더 볶아 준다.

문어카르파초

자숙문어를 이용해 지중해식 요리인 카르파초를 만들었다. 올리브오일 드레싱과 잘 어울리고 만능고추장소스(p.46, 식초와 꿀 추가)나 간장소스(p.44)를 채소들과 함께 버무려 냉채로 먹어도 좋다.

INGREDIENTS

문어 150g, 양파 50g
노란 파프리카 50g
빨간 파프리카 50g, 셀러리 30g
올리브오일드레싱(p.52) 4~5T

문어 데칠 때

레몬(또는 식초나 청주) 1조각(1T)
마늘 1개, 대파 약간, 통후추 약간(선택)

1. 물에 레몬(또는 식초나 청주)과 마늘, 대파, 통후추를 넣어 끓여 준다.

2. 물이 끓으면 문어를 넣어 1분 정도 데쳐 준다.

3. 드레싱을 준비한다.

4. 문어를 건져 찬물(얼음물)에 넣고 식힌 다음 얇게 자르고, 채소들은 작은 정사각형으로 잘라 준다. 채소를 그릇에 담고 그 위에 문어를 올리고 준비한 드레싱을 뿌려 준다.

토마토두부면파스타

두부면을 이용해 다양한 파스타를 만들 수 있다. 새우나 홍합, 조개 등 한 가지 해산물만 사용해도 되고 버섯, 두부 등 원하는 재료를 넣어서 다양하게 응용할 수 있다.

INGREDIENTS

해물모둠(냉동) 300g, 방울토마토 150g
다진 마늘 1T, 다진 양파 3T
토마토소스(p.48) 300ml, 두부면 100g
소금 약간, 후추 약간

해물모둠 전처리
다진 양파 1T, 다진 마늘 1T, 청주 50ml

미리 준비하기
방울토마토는 1/2 또는 1/4 크기로 잘라 준다.

1

해물모둠은 해동한 다음 깨끗이 씻어 냄비에 넣고 청주, 다진 마늘, 다진 양파를 넣고 뚜껑을 덮어 끓여 준다. 끓으면 중불로 낮추고 30초 정도 후에 불을 끄고 해물은 건지고 육수는 남겨 둔다.

2

팬에 다진 마늘, 다진 양파, 방울토마토를 넣어 기름 없이 볶아 준다.

3

양파와 마늘이 어느 정도 익으면 토마토소스와 1번의 육수를 넣고 10분 정도 졸여 준다.

4

소스가 걸쭉해지기 시작하면 건져 둔 해물과 두부면을 넣고 소금과 후추로 간을 해 준다.

배추순대

배추가 싸고 좋을 때 배추순대를 만들어 별미로 즐길 수 있다. 속에 밥이 들어 있어 식사 대용으로도 좋다.

INGREDIENTS

배추 10장, 부침용 두부 1/2모(200g)
브로콜리 100g, 양파 30g
부추 30g, 현미밥 1/2공기(100g)

| 양념 |

달걀 1개, 다진 마늘 1T, 참기름 1T
소금 1/2t, 후추 약간

미리 준비하기
두부는 물기를 꼭 짜 둔다.

1\. 배추는 끓는 물에 소금을 넣고 데쳐 준다. *배추를 2등분해서 줄기를 먼저 3분간 삶은 다음 잎을 넣고 1분 정도 더 삶아 건져서 찬물에 담갔다가 체에 밭친다. 배추 줄기는 반(5장)만 쫑쫑 썰어 물기를 꼭 짜 준다. 배춧잎은 물기를 제거해 준다.

2\. 브로콜리와 양파는 커터기로 갈아 주고, 부추는 쫑쫑 썰어 준다.

3\. 볼에 물기를 짠 두부와 배추 줄기, 간 양파와 브로콜리, 다진 부추, 현미밥과 양념 재료를 모두 넣고 섞어 준다.

4\. 배춧잎을 깔고 줄기 쪽에 순대속을 올리고 줄기 부분을 먼저 접은 후 양쪽 잎 부분을 접어서 말아 준다.

TIP

- 남은 배추 줄기는 냉동실에 넣어 두었다가 국 끓일 때 사용하면 좋다.

연잎밥

미리 연잎밥을 만들어 냉동실에 넣어 두었다가 밥하기 싫을 때 꺼내서 쪄 먹으면 편리하다. 밥과 견과류, 채소들이 함께 들어 있어 반찬이 따로 필요 없다.

INGREDIENTS 8개 분량

현미쌀 2C
현미찹쌀 1C
연잎 4~5개
콩 1/2C, 팥 1/2C

장식용

단호박, 연근, 밤, 호두, 잣, 대추

• 연잎밥에는 좋아하는 잡곡 어떤 것을 넣어도 된다. 찰진 밥을 좋아하면 현미찹쌀의 비율을 높인다.

1 연잎밥 장식용 재료들을 준비한다. 단호박과 연근은 얇게 썰고, 대추는 씨를 빼고, 밤은 편으로 썰어 준다.
*장식용 재료로는 고구마, 은행, 견과류 등 집에 있는 어떤 것이든 가능하다.

2 전기밥솥에 불린 현미와 잡곡을 넣고 밥을 한다. *현미는 미리 깨끗이 씻어 밥솥 기준에 맞춰 물에 담가 상온에서 5시간 정도(냉장고에서 8시간 이상) 불려 준다.

3 밥이 다 되면 1인분 정도의 밥을 덜어 연잎에 올리고 장식용 재료를 올려 준 뒤 내 몸에 가까운 부분에서 위쪽으로 먼저 한 번 접어 주고 양옆의 연잎을 접어 말아 준다. 말고 남은 연잎 끝부분은 위쪽 주머니 같은 공간에 넣어 주어 깔끔하게 마무리한다.

4 김 오른 찜기에 연잎밥을 넣고 10분 정도 쪄 준다.

TIP

• 연잎은 인터넷으로 쉽게 구입할 수 있다. 사용하고 남은 연잎은 냉동실에 보관하면 된다. 보통 1개의 연잎으로 2~3개의 연잎밥을 만들 수 있다.

주꾸미샤브샤브

좋아하는 해산물과 버섯, 채소들을 이용해서 담백하게 샤브샤브를 즐길 수 있다. 재료를 미리 준비해 두면 육수만 끓여서 간편하게 먹을 수 있다. 주 재료를 다 먹은 후에는 남은 육수에 밥을 넣고 죽을 끓여도 좋다.

INGREDIENTS

주꾸미 500g, 버섯(양송이버섯, 표고버섯, 새송이버섯, 느타리버섯, 팽이버섯) 300g
배추 150g, 미나리 100g, 양파 1개
대파 1대, 육수 1L, 소금 약간

소스
깨소스(p.45), 와사비간장소스(p.44)

• 육수는 2L 정도 충분히 준비해 두고 필요하면 보충해서 사용한다.

1 버섯들은 가볍게 흐르는 물에 씻고 물기를 제거한다. 느타리버섯은 찢고, 새송이버섯은 한 입 크기로 자르고, 팽이버섯은 밑동을 제거하고, 양송이버섯과 표고버섯은 밑동을 잘라내고 편으로 납작하게 썰어 준다.

2 배추는 씻어서 큰 것은 먹기 좋은 크기로 자르고 속 부분은 그대로 사용한다. 미나리는 6~7cm 정도 크기로 자르고, 양파는 채 썰고, 대파는 어슷하게 썰어 준다.

3 주꾸미는 내장을 제거해 준 후 밀가루로 비벼 가며 깨끗이 씻고 물기를 제거해 준다.

4 와사비간장소스와 깨소스를 준비한다. 육수가 끓으면 간을 맞추고 재료를 넣어 익힌 후 소스에 찍어 먹는다.

TIP

• 소스와 재료를 조금씩 바꿔 주면 다양한 맛을 즐길 수 있다.

단호박케이크

단호박이나 고구마에 설탕이나 다른 단맛을 넣지 않고 달걀과 견과류만 넣어서 만드는 간편 케이크이다. 단호박, 달걀과 호두의 조합이 좋고 블렌더를 빠르게 돌려 주면서 생기는 달걀 거품이 부드러운 식감을 만들어 준다.

INGREDIENTS

단호박 250g, 달걀 2개
호두 50g, 소금 약간
베이킹파우더 2꼬집(선택)
• 베이킹파우더를 넣으면 폭신한 식감을 더할 수 있지만 큰 차이가 나지는 않으니 베이킹파우더가 없으면 넣지 않아도 된다.

1. 단호박을 잘라서 익혀 준다.

2. 나머지 재료를 계량하여 준비한다.

3. 단호박이 식으면 모든 재료를 넣고 블렌더를 이용해 반죽이 매끈해질 때까지 갈아 준다. *호두가 씹히는 식감을 좋아하면 블렌더에 같이 넣지 않고 호두를 다져서 반죽에 넣어 준다.

4. 반죽을 가로 12cm ×세로 18cm 틀에 담아 준다. 이때 틀 바닥에 종이포일을 깔아 주거나 오일을 발라 주면 케이크가 바닥에 달라붙지 않는다.
*170℃로 예열한 에어프라이어에서 17~18분 정도 굽는다.
*칼이나 꼬챙이로 케이크의 중앙을 찔러 보았을 때 반죽이 묻어나지 않으면 잘 익은 상태이다.
*단맛을 더하고 싶으면 꿀 1T을 추가로 넣어 준다.

오트밀당근케이크

식단을 조절하는 동안 디저트 생각이 날 때 당근케이크를 추천한다. 밀가루 대신 오트밀을 갈지 않고 사용해 고소하며 씹는 식감이 좋다. 달콤한 꿀과 건강한 당근, 계피향이 잘 어울린다.

INGREDIENTS

오트밀 100g
두유(p.54) 200ml
달걀 1개
베이킹파우더 1t(5g)
꿀 2T, 호도 50g
올리브 오일 2T
소금 2g, 계피가루 1t
당근 1개(200g)

1. 오트밀을 계량해 준비한다.

2. 오트밀을 제외한 모든 재료를 계량해 준비한다. 호두는 다지고, 당근은 커터기에 넣고 갈아 준다.

3. 오트밀과 두유를 섞어 10분 정도 불려 준다. 불린 오트밀에 달걀과 다른 재료들을 모두 넣고 섞어 준다.

4. 가로 16cm ×세로 8cm 틀에 종이 포일을 깔고 반죽을 넣어서 170℃로 예열한 오븐에서 30분간 구워 준다.
*파운드 틀을 2개 사용하였다.